100 Rezepte
Schnitzel

100 Rezepte
Schnitzel

VORWORT

Damit Ihre Schnitzel auch wirklich gelingen, sollten Sie einige wenige Regeln beachten. Das Wichtigste ist natürlich die Qualität des Fleisches, das Sie für Ihre Schnitzelvariation verwenden. Hier kann Ihnen der Fleischermeister Ihres Vertrauens am besten weiterhelfen. Sie müssen ihm nur genau erklären, für welche Art der Schnitzelzubereitung Sie sich entschieden haben und welches Fleischteil Sie dafür benötigen. Fragen Sie Ihren Metzger nach dem besten Stück Schnitzelfleisch, das er hat!

Rindleisch zählt nicht unbedingt zum klassischen Schnitzelfleisch. Nur wenige Teile eignen sich zum Kurzbraten, da die Fleischstruktur sehr faserig ist. Für ein Schnitzel eignet sich neben dem Roastbeef auch das Filet. Wenn Sie diese Teile verwenden, sollten Sie darauf achten, dass dieses Fleisch gut abgehangen, von dunkelroter Farbe und mit dünnen Fettadern durchzogen ist.

Das beste Fleisch liefern die jungen Mastkälber, die etwa mit acht Wochen schlachtreif sind. Dieses Fleisch hat „Biss", es ist nicht wässrig wie das zu junger Tiere, aber auch nicht zu trocken und grobfaserig wie das von älteren Tieren. Die Qualität des Fleisches erkennt man an der feinen, zarten Fleischfaser und der fast weißen bis blassrosaroten Farbe. Für Schnitzel eignen sich alle Teile, die zum Kurzbraten eingesetzt werden. Die zartesten Schnitzel liefert die Kalbsnuss, ein Teil der Kalbskeule. Aber auch Schnitzel aus der Ober- bzw. Unterschale lassen die Herzen der Schnitzelfans höher schlagen. Alle diese Teile werden für die klassischen panierten Schitzel verwendet. Für die Schnitzel, die „natur" gebraten werden, also ohne Panade,

können auch die noch edleren Teile – Kalbsfilet, Kalbsrückenfilet oder Kalbskotelett – gewählt werden.

Für Ihr Schweineschnitzel gelten die gleichen Auswahlkriterien wie beim Kalb. Das Fleisch sollte von Tieren stammen, die ein Alter von 6–7 Monaten und ein Gewicht von 80–100 kg erreicht haben. Gute Fleischqualität erkennt man an einer blassrosa bis blassroten Fleischfarbe. Das Schnitzelfleisch ist mit zarten, feinen Fettadern durchzogen. Auch beim Schweinefleisch verwenden wir für die Zubereitung von Schnitzeln vorrangig die Stücke aus der Nuss, der Ober- und Unterschale. Sehr gute Schnitzel erhalten Sie auch aus dem so genannten Schweinelachs, den man auch als vom Knochen befreiten Schweinerücken kennt. Allerdings sollte man beim Braten dieser Schnitzel darauf achten, dass sie nicht trocken werden. Je nach Dicke der Fleischteile sind diese kleinen Schnitzelchen schon nach 2–3 Minuten Bratzeit auf jeder Seite fertig.

Neben der Putenbrust, aus der die Putenschnitzel geschnitten werden, kennen wir hier auch die Hähnchenschnitzel, die in der Regel aus den Hähnchenbrustfilets gewonnen werden. Beide Geflügelschnitzel lassen sich sehr gut zum Panieren verwenden, da diese Geflügelteile eine sehr kurze Garzeit und keine allzu hohe Temperatur benötigen. Die Gefahr, dass die Panade verbrennt, ist dabei sehr gering.

Für Ihre Schnitzelküche wünschen wir Ihnen gutes Gelingen und viel Erfolg bei der Zubereitung „Ihrer" Rezepte.

Ihre Redaktion

EINLEITUNG

Schnitzelbraten ist Erfahrungssache
Sie brauchen dazu eine schwere Pfanne und geschmacksneutrales, hoch erhitzbares Fett, außerdem ein gutes Stück Fleisch, das Zimmertemperatur hat, gewaschen und sehr gut trocken getupft ist.

Das Fett wird erhitzt, bis es leicht raucht, dann legt man das unpanierte Schnitzel ein. Nach einer Minute haben sich die Poren geschlossen und das Schnitzel wird mit einem Pfannenwender (nicht mit der Gabel!) gewendet. Nach einer weiteren Minute wird die Hitze reduziert und das Schnitzel unter mehrmaligem Wenden fertig gebraten. Das Schnitzel wird aus der Pfanne genommen, gesalzen und gepfeffert und nach Geschmack serviert oder nach Zubereitung der Soße nochmals erhitzt – aber nicht mehr kochen lassen, denn das Fleisch wird sonst zäh –, angerichtet und serviert.

Schnitzel aus Filetsteak, das sind ca. 2 cm dicke Filetscheiben, die nach Ihrem persönlichen Geschmack gebraten werden. Stark blutig (rare, bleu), wird es von jeder Seite etwa eine Minute gebraten. Soll die Filetscheibe in der Mitte blutig sein (medium rare, saignant), braten Sie sie auf jeder Seite etwa zwei Minuten. Eine halb durchgebratene Filetscheibe mit einem leicht blutigen Kern (medium, à point) benötigt etwa drei Minuten auf jeder Seite und eine ganz durchgebratene (welldone, bien cuit) braucht jeweils vier Minuten. Eine noch nicht durchgebratene Filetscheibe gibt auf Fingerdruck je nach Bratdauer sehr leicht bis leicht nach, eine durchgebratene Filet-scheibe kaum. Sie ist fest. Schweine-, Kalbs-, Lamm- und Wildschnitzel sollten Sie immer fast durchbraten (medium, à point).

Koteletts werden je nach Dicke 10 Minuten oder länger gebraten. Geflügelsteaks und -schnitzel sind besonders fettarm und leicht verdaulich. Putenschnitzel werden auf jeder Seite etwa zwei Minuten, Hähnchenbrustfilets etwas länger, je nach Stärke 2–3 Minuten, gebraten. Zu langes Braten macht das Fleisch trocken und faserig.

Fischsteaks, -filets und -schnitzel werden je nach Dicke 3–5 Minuten gebraten. Auch Fisch wird durch zu langes Braten trocken und faserig.

Damit Ihre Schnitzelküche noch abwechslungsreicher wird, sollten Sie auch einmal Lamm- oder Wildschnitzel versuchen. Doch auch hier gilt: Achten Sie besonders auf die Qualität.

Lammfleisch sollte nur von Tieren verwendet werden, die beim Schlachten nicht älter als vier Monate sind. Es sollten Weidetiere sein, deren Fleisch in Ihre Pfanne wandert, denn nur dieses Fleisch ist schmackhaft, zart und fein gemasert und hat eine etwas dunklere Farbe als das Fleisch der Lämmer, die im Stall gemästet werden. Wildfleisch sollten Sie ebenfalls nur dort einkaufen, wo Sie sicher sind, dass dieses Fleisch fachgerecht vorbereitet wurde und aus heimischen Wäldern stammt. Sicherlich kennen Sie einen Jäger in Ihrer Nachbarschaft, der Ihnen das Wildbret von Reh, Hirsch, Damwild und Wildschwein liefern kann.

Alle Bratenstücke werden nach dem Anbraten immer wieder gewendet, damit sie nicht zu schnell Farbe nehmen und zu braun werden. Besonders fein schmecken Schnitzel – ob natur gebraten oder paniert –, wenn sie kurz vor Bratende mit etwas flüssiger Butter beträufelt und nach dem Braten mit geschrotetem Pfeffer bestreut werden. Sie können aber auch hochprozentigen Alkohol (Cognac, Whisky oder Rum) in die heiße Pfanne gießen und die Schnitzel flambieren.

Falls Sie zu den Schnitzeln eine Soße servieren möchten, löschen Sie den Bratensatz mit etwas Wein, Brühe oder Wasser ab, kochen den Fond um die Hälfte ein, geben nach Geschmack Senf, Sahne, Kräuter oder Gewürze dazu und lassen die Soße so lange kochen, bis sie leicht dicklich geworden ist.

Eingefrorene Schnitzel von Fleisch oder Fisch müssen vollständig aufgetaut werden, bevor man sie weiterverarbeitet.

Das richtige „Werkzeug"
Für die Zubereitung von Schnitzeln sollten die Pfannen nicht zu groß, aber auch nicht zu klein sein. Das Bratgut sollte den Boden vollständig bedecken, darf aber nicht zu eng zusammenliegen; das Fett sollte zwischen den Schnitzeln noch sichtbar sein. Am geeignetsten

sind Pfannen, die einen schweren Boden und einen gewölbten, hochgezogenen Rand besitzen. Beim Schnitzelbraten benötigen Sie keinen Deckel, das Gargut wird gebraten und nicht geschmort.

Wer besonders fettarm braten möchte, wählt am besten eine beschichtete Pfanne. Sie sollte allerdings nicht zu sehr erhitzt werden und zum Wenden eignet sich nur ein Holz- oder Kunststoffwender, der die Beschichtung nicht beschädigen kann.

Pfannen mit einer guten Antihaft-Versiegelung schließen ein Anbrennen fast aus und lassen sich außerdem sehr gut reinigen.

Grillpfannen haben einen gerillten Boden, in dem sich das Bratfett sammelt, und das Bratgut liegt auf den heißen Stegen. Diese Pfannen eignen sich nur für Schnitzel, die nicht mehliert und ohne Panade, also „natur", gebraten werden.

Pfannen aus Gusseisen sind nicht säurebeständig. Sie werden vor dem ersten Gebrauch bis zum Rauchen erhitzt. Nach dem Gebrauch werden sie mit heißem Wasser gereinigt und mit Öl eingefettet, damit sie nicht rosten, und dann an einem luftigen Ort aufbewahrt. Vor der nächsten Verwendung sollten diese Pfannen immer mit einem sauberen Küchentuch ausgerieben und erneut eingeölt werden. Pfannen aus Kupfer eignen sich nicht zum Braten, auch nicht zum Braten von Schnitzeln! Dieses Material kann die hohen Temperaturen, die wir für die Zubereitung benötigen, nicht gut vertragen.

Generell sollten Sie beim Pfannenkauf auf gut isolierte Griffe achten. Heiße Pfannen dürfen wegen hoher Spritz-

und Verbrennungsgefahr nie sofort nach dem Braten mit Wasser gefüllt werden! Lassen Sie die Pfanne erst etwa 10 Minuten abkühlen, bevor Sie sie mit heißem Wasser reinigen. Bei Bedarf verwenden Sie ein mildes Spülmittel, aber niemals scharfe Putzmittel oder spitze Gegenstände zum Reinigen!

Das richtige Bratfett
Für alles, was scharf angebraten werden soll, benötigen Sie hoch erhitzbares Fett, beispielsweise gehärtetes und ungehärtetes Kokos- und Plattenfett, Butterschmalz oder auch Speiseöl. Nicht geeignet sind Butter, Pflanzenmargarine, Diätmargarine, Halbfettmargarine und -butter sowie kaltgepresstes Öl.

Da Butter sehr leicht verbrennt, kann man sie zum milden Braten mit der gleichen Menge Öl mischen. Pflanzenmargarine lässt sich nicht hoch erhitzen und ist deshalb auch nur bedingt zum Braten geeignet.

Diätmargarine enthält mindestens 40 Prozent mehrfach ungesättigte Fettsäuren und ist zum Braten nicht geeignet.

Halbfettmargarine und -butter enthalten viel Wasser und sollten wegen der Spritzgefahr nicht zum Braten verwendet werden. (Wenn Sie fettarm braten wollen, verwenden Sie eine Grillpfanne oder eine beschichtete Pfanne.)

Kaltgepresstes Öl ist besonders wertvoll, aber beim Erhitzen gehen diese wertvollen Bestandteile verloren. Wenn Sie nicht auf den typischen Geschmack verzichten wollen, beträufeln Sie das fertige Bratgut damit.

100 Rezepte
Schnitzel

SCHWEINESCHNITZEL „CORDON BLEU"

Für 4 Personen:

4 Schweineschnitzel à 200 g
4 Scheiben gekochter Schinken
4 Scheiben würziger Käse
Salz, Pfeffer aus der Mühle
Mehl zum Wenden, 2–3 Eier
150–200 g Semmelbrösel
Butterschmalz zum Braten
Salatblätter, Tomatenscheiben,
Zitronenscheiben und Kräuterzweige
zum Garnieren

1. Die Schweineschnitzel unter flie-ßendem Wasser waschen, trocken tupfen, dünn klopfen, mit je einer Scheibe Schinken und Käse belegen und zusammenklappen.

2. Die Schweineschnitzel mit Roula-dennadeln oder Zahnstochern zu-sammenstecken, mit Salz und Pfef-fer würzen und in Mehl wenden.

3. Die Eier in einen tiefen Teller geben und verschlagen, die Sem-melbrösel in einen zweiten Teller geben.

4. Die Schweineschnitzel durch die Eier ziehen und mit den Semmel-bröseln panieren.

5. Das Butterschmalz in einer Pfan-ne erhitzen und die Schweineschnit-zel darin goldgelb ausbacken.

6. Die Schweineschnitzel aus der Pfanne nehmen und auf Küchen-krepp abtropfen lassen.

7. Die Schweineschnitzel dekorativ anrichten, mit Salatblättern, Toma-tenscheiben, Zitronenscheiben und Kräuterzweigen garnieren und mit Kartoffelwedges und Tomatensalat sofort servieren.

FERNFAHRER-SCHNITZEL MIT SPIEGELEI

Für 4 Personen:

4 Schweineschnitzel à 200 g
Salz, Pfeffer aus der Mühle
1 TL Paprikapulver rosenscharf
Mehl zum Wenden
2–3 Eier
150–200 g Semmelbrösel
Butterschmalz zum Braten
12 Scheiben Frühstücksspeck
4 Eier
Zitronenscheiben und Kräuterzweige
zum Garnieren

1. Die küchenfertigen Schweine-schnitzel unter fließendem Wasser waschen, trocken tupfen, leicht klopfen, mit Salz, Pfeffer und Paprikapulver würzen und in Mehl wenden.

2. Die Eier in einem tiefen Teller verschlagen und die Semmelbrösel in einen zweiten Teller geben. Die Schweineschnitzel durch die Eier ziehen und mit den Semmelbröseln panieren.

3. Das Butterschmalz in einer Pfanne erhitzen. Die Schweineschnitzel darin goldgelb ausbacken, herausnehmen und warm stellen.

4. Die Frühstücksspeckscheiben im verbliebenen Bratfett kross braten, herausnehmen, warm stellen und im verbliebenen Bratfett vier Spiegeleier braten.

5. Die panierten Schnitzel dekorativ anrichten, mit Speckscheiben und je einem Spiegelei belegen, mit Zitronenscheiben und Kräuterzweigen garnieren und mit Krautsalat und Bratkartoffeln sofort servieren.

FLORENTINER SCHNITZEL MIT SPINATFÜLLUNG

Für 4 Personen:

4 dünne Kalbsschnitzel à 180 g
Salz, Pfeffer aus der Mühle

Für die Füllung:
150 g Blattspinat
Salzwasser oder Gemüsebrühe zum
Blanchieren
1 EL Butter
1 Knoblauchzehe
100 g geriebener Emmentaler
1 Prise Muskat

Außerdem:
Mehl zum Wenden
2–3 Eier
150–200 g Semmelbrösel
Butterschmalz zum Braten
Basilikumblättchen zum Garnieren

1. Die küchenfertigen Kalbsschnitzel unter fließendem Wasser waschen, dünn klopfen, mit Salz und Pfeffer würzen und auf eine Arbeitsfläche legen.

2. Für die Füllung den Blattspinat verlesen, waschen, gut abtropfen lassen und grob hacken. Salzwasser oder Gemüsebrühe in einem Topf erhitzen und den Spinat darin blanchieren.

3. Den Spinat herausnehmen, in Eiswasser abschrecken, gut abtropfen lassen und bereitstellen.

4. Die Butter in einer Pfanne erhitzen. Die geschälte Knoblauchzehe fein hacken, ins Fett geben und glasig schwitzen.

5. Den Spinat dazugeben, kurz mitschwitzen, vom Herd nehmen und leicht erkalten lassen.

6. Den geriebenen Emmentaler untermischen und das Ganze mit Salz, Pfeffer und Muskat würzen. Die Füllung auf die Kalbsschnitzel verteilen, diese zusammenklappen und mit Zahnstochern feststecken.

7. Die gefüllten Schnitzel zuerst in Mehl wenden, anschließend durch die verschlagenen Eier ziehen und mit den Semmelbröseln panieren.

8. Das Butterschmalz in einer Pfanne erhitzen und die panierten Schnitzel darin auf beiden Seiten goldgelb ausbacken.

9. Die fertigen Schnitzel dekorativ anrichten, mit Basilikumblättchen garnieren und mit geschmorten Tomaten sofort servieren.

WIENER SCHNITZEL

Für 4 Personen:

8 Kalbsschnitzel à 100 g
Salz, Pfeffer aus der Mühle
2 EL Mehl
2–3 Eier
150–200 g Semmelbrösel
Butterschmalz zum Braten

Außerdem:
8 Zitronenscheiben
Salatblätter, Zwiebelringe und
Kirschtomatenhälften zum
Garnieren

1. Die küchenfertigen Kalbs-schnitzel unter fließendem Wasser waschen, trocken tupfen, leicht klopfen, mit Salz und Pfeffer würzen und in Mehl wenden.

2. Die Schnitzel durch die verschlagenen Eier ziehen und mit den Semmelbröseln panieren.

3. Reichlich Butterschmalz in einer Pfanne erhitzen und die Schnitzel darin langsam auf beiden Seiten goldbraun braten.

4. Die Wiener Schnitzel auf heißen Tellern dekorativ anrichten.

5. Jedes Schnitzel mit einer Zitronenscheibe belegen, das Ganze mit Salatblättern, Zwiebelringen und Kirschtomatenhälften garnieren und mit Pommes frites und einem gemischten Salat sofort servieren.

SCHNITZEL MIT PAPRIKA
(ohne Abbildung)

Für 4 Personen:

4 Schweineschnitzel à 200 g
Salz, Pfeffer aus der Mühle
2 EL mittelscharfer Senf
Mehl zum Wenden, 2–3 Eier
150–200 g Semmelbrösel
Butterschmalz zum Braten

Für das Gemüse:
je 1 rote, gelbe und grüne
Paprikaschote
2 Knoblauchzehen, 1 Zwiebel
2–3 EL Olivenöl
1 Bund Basilikum
Zitronenschnitze zum Garnieren

1. Die küchenfertigen Schweineschnitzel unter fließendem Wasser waschen, trocken tupfen und dünn klopfen. Mit Salz und Pfeffer würzen und mit Senf bestreichen.

2. Die Schnitzel in Mehl wenden, durch die verschlagenen Eier ziehen und mit den Semmelbröseln panieren. Das Butterschmalz in einer Pfanne erhitzen und die Schnitzel darin auf beiden Seiten goldgelb ausbacken.

3. Für das Gemüse die Paprikaschoten halbieren, entkernen, waschen und in mundgerechte Stücke schneiden.

4. Die Knoblauchzehen und die Zwiebel schälen und fein würfeln. Das Olivenöl in einer Pfanne erhitzen und das Gemüse darin anschwitzen. Zugedeckt bei mäßiger Hitze 8–10 Minuten dünsten.

5. Das Gemüse mit Salz und Pfeffer würzen, mit den panierten Schnitzeln dekorativ anrichten, mit Basilikum und Zitronenschnitzen belegen und sofort servieren.

CHILISCHNITZEL

Für 4 Personen:

8 Schweineschnitzel à 60–80 g
Salz, Pfeffer aus der Mühle
Mehl zum Wenden
2–3 Eier
30 g Hot-Chili-Cracker
100 g Semmelbrösel
2–3 EL Butterschmalz
4 kleine rote Chilischoten
1 Zwiebel
2 Knoblauchzehen

1. Die küchenfertigen Schweineschnitzel unter fließendem Wasser waschen, trocken tupfen und leicht klopfen. Mit Salz und Pfeffer würzen. Die Schnitzel in Mehl wenden. Die Eier verschlagen, die Hot-Chili-Cracker fein zerreiben und mit den Semmelbröseln vermischen.

2. Die Schnitzel durch die Eier ziehen und mit den Hot-Chili-Bröseln panieren. Das Butterschmalz in einer Pfanne erhitzen, die Chilischnitzel darin braten, herausnehmen und warm stellen.

3. Die Chilischoten halbieren, entkernen, waschen und in feine Streifen schneiden. Die Zwiebel und die Knoblauchzehen schälen, fein hacken, ins verbliebene Bratfett geben und glasig schwitzen. Die Chilischoten zu den Knoblauchzwiebeln geben und kurz mitbraten.

4. Die Chilischnitzel dekorativ auf Tellern anrichten, das Chiligemüse darauf verteilen, garnieren und mit gemischtem Salat sofort servieren.

SCHNITZEL IM BREZENMANTEL
(ohne Abbildung)

Für 4 Personen:

8 Schweine- oder Kalbsschnitzel
à 60–80 g
Salz, Pfeffer aus der Mühle
Saft von 1 Zitrone
125–150 g Mehl zum Wenden
2–3 Eier
4 altbackene, getrocknete Brezen
Butter oder Margarine

1. Die küchenfertigen Schweine- oder Kalbsschnitzelchen unter fließendem Wasser waschen, trocken tupfen, mit Salz und Pfeffer kräftig würzen, mit Zitronensaft beträufeln und kurz ziehen lassen.

2. Anschließend die Schnitzelchen in Mehl wenden und durch die verschlagenen Eier ziehen. Die altbackenen Brezen fein reiben und die Schnitzelchen damit panieren.

3. Die Butter oder Margarine in einer Pfanne erhitzen und die Schnitzelchen im Brezenmantel darin ausbacken. Herausnehmen, dekorativ anrichten und mit Kartoffelsalat sofort servieren.

MAILÄNDER GEMÜSE-SCHNITZEL

Für 4 Personen:

4 Putenschnitzel à 200 g
Salz, Pfeffer aus der Mühle
Mehl zum Wenden
2–3 Eier
150–200 g Semmelbrösel
Butterschmalz zum Braten

Für das Gemüse:
1 Zwiebel
2 Knoblauchzehen
3 bunte Paprikaschoten
500 g Tomaten
2 TL gerebelte Kräuter der Provence
250 ml Tomatensaft

Außerdem:
Kräuterzweige zum Garnieren

1. Die küchenfertigen Putenschnitzel unter fließendem Wasser waschen, trocken tupfen, gut klopfen, mit Salz und Pfeffer würzen und in Mehl wenden.

2. Die Eier in einem tiefen Teller verschlagen und die Semmelbrösel in einen zweiten Teller geben. Die Schnitzel durch die Eier ziehen und mit den Semmelbröseln panieren.

3. Das Butterschmalz in einer Pfanne erhitzen und die Schnitzel darin goldgelb ausbacken, herausnehmen und warm stellen.

4. Die Zwiebel und die Knoblauchzehen schälen, würfeln, ins verbliebene Bratfett geben und glasig schwitzen.

5. Die Paprikaschoten halbieren, entkernen, waschen, klein schneiden, zu den Knoblauchzwiebeln geben und glasig schwitzen.

6. Die Tomaten waschen, vom Strunk befreien, in Würfel schneiden und mit den Kräutern unter das Gemüse mischen. Das Ganze mit dem Tomatensaft ablöschen, mit Salz und Pfeffer abschmecken und fünf Minuten köcheln.

7. Die Schnitzel auf Tellern dekorativ anrichten, das Gemüse darauf verteilen, mit Kräuterzweigen garnieren und sofort servieren.

PUTENNUGGETS AUF OFENKARTOFFELN

Für 4 Personen:

800 g Kartoffeln, 125 ml Olivenöl
2 EL grobes Salz, 2 EL Kümmel
Pfeffer aus der Mühle
600 g Putenbrustfilet
1 EL Fünfgewürzpulver
4 EL Sojasoße, Mehl zum Wenden
2–3 Eier, 80–100 g Cornflakes
Butterschmalz zum Ausbacken
Salatblätter, Kräuterzweige und
Kirschtomaten zum Garnieren

1. Die Kartoffeln unter fließendem Wasser abbürsten und halbieren. Die Kartoffelhälften mit der Schnittfläche nach oben auf ein ausgefettetes Backblech setzen. Die Kartoffeln mit Olivenöl beträufeln, mit grobem Salz und Kümmel bestreuen, mit Pfeffer würzen und im auf 180–200 °C vorgeheizten Backofen 20–25 Minuten backen.

2. Das Putenbrustfilet waschen, trocken tupfen und in grobe Würfel schneiden. Mit Fünfgewürzpulver bestreuen, mit Sojasoße beträufeln und 10 Minuten ziehen lassen.

3. Die Putenwürfel in Mehl wenden, durch die verschlagenen Eier ziehen und mit den zerkleinerten Cornflakes panieren.

4. Das Schmalz erhitzen und die Nuggets darin rundherum goldgelb ausbacken. Die Putennuggets mit den Kartoffeln dekorativ anrichten, mit Salatblättern, Kräuterzweigen und Kirschtomaten garnieren und sofort servieren.

SCHMETTERLINGSSCHNITZEL
(ohne Abbildung)

Für 4 Personen:

4 Schmetterlingsschnitzel à 180 g
Salz, Pfeffer aus der Mühle
2–3 EL Senf, 2 hart gekochte Eier
½ Bund Petersilie, 1 Schalotte
1 Knoblauchzehe, 1 EL geriebene
Zitronenschale, Mehl zum Wenden
2 –3Eier, 150–200 g Semmelbrösel
2–3 EL Butterschmalz, 100 ml
Weißwein, 400 ml Bratensoße
Kräuterzweige zum Garnieren

1. Die küchenfertigen Schmetterlingsschnitzel unter fließendem Wasser waschen, trocken tupfen und dünn klopfen. Mit Salz und Pfeffer würzen und mit Senf bestreichen.

2. Die Eier pellen, grob hacken und in eine Schüssel geben. Die Petersilie verlesen, waschen und fein hacken. Die Schalotte und die Knoblauchzehe schälen, fein würfeln, mit der geriebenen Zitronenschale und der Petersilie zu den Eiern geben und vermischen.

3. Die Masse gleichmäßig auf den Schnitzeln verteilen, diese zusammenklappen, mit Zahnstochern feststecken und in Mehl wenden.

4. Die Eier verschlagen, die Schnitzel durch die Eier ziehen und mit Semmelbröseln panieren. Butterschmalz in einer Pfanne erhitzen und die Schmetterlingsschnitzel darin auf beiden Seiten vorsichtig braten.

5. Die gefüllten Schnitzel aus der Pfanne nehmen und warm stellen. Den Bratenfond mit Weißwein ablöschen, mit der Bratensoße auffüllen und kurz einreduzieren lassen.

6. Die gefüllten Schnitzel mit der Soße dekorativ anrichten, mit Kräuterzweigen garnieren und mit gebratenen Artischockenscheiben und Kirschtomaten sofort servieren.

RAMSDORFER PANIERTES JÄGERSCHNITZEL

Für 4 Personen:

8 Schweineschnitzel à 100 g
Salz, Pfeffer aus der Mühle
Mehl zum Wenden
2–3 Eier
150–200 g Semmelbrösel
Butterschmalz zum Braten

Für die Soße:
100 g durchwachsener,
geräucherter Speck
1 Zwiebel
400 g frische Champignons
Saft von 1 Zitrone
400 ml gebundene Bratensoße
100 ml süße Sahne
2 EL mittelscharfer Senf

Außerdem:
Kräuterzweige und Tomatenröschen
zum Garnieren

1. Die küchenfertigen Schweine-schnitzel unter fließendem Wasser waschen, trocken tupfen, mit Salz und Pfeffer würzen und in Mehl wenden.

2. Die Schnitzel durch die verschla-genen Eier ziehen und mit den Semmelbröseln panieren.

3. Das Butterschmalz in einer Pfan-ne erhitzen, die Schnitzel darin bra-ten, herausnehmen und warm stel-len.

4. Den Speck in feine Würfel schneiden, ins verbliebene Bratfett geben und auslassen. Die Zwiebel schälen, in feine Würfel schneiden, zum Speck geben und kurz mitbra-ten.

5. Die Champignons verlesen, put-zen, je nach Bedarf klein schneiden, mit Zitronensaft beträufeln, zu den Speckzwiebeln geben und kurz mit-braten.

6. Die Bratensoße angießen, das Ganze zum Kochen bringen und bei mäßiger Hitze 6–8 Minuten köcheln lassen. Die Sahne mit dem Senf einrühren und die Soße mit Salz und Pfeffer würzen.

7. Die Schnitzel mit der Soße de-korativ anrichten, mit Kräuterzwei-gen und Tomatenröschen garnieren und mit Spätzle und einem gemischten Salat sofort servieren.

CHAMPIGNONSCHNITZEL MIT KRESSESOSSE

Für 4 Personen:

4 Schweineschnitzel à 200 g
Salz, Pfeffer aus der Mühle
Mehl zum Wenden, 2–3 Eier
150–200 g Semmelbrösel
Butterschmalz zum Braten

Für die Champignons:
400 g Champignons
Saft von ½ Zitrone
200 g Kirschtomaten

Für die Soße:
100 g Schalotten, 2 EL Butter
100 ml Weißwein
300 ml Gemüsebrühe
2 Kästchen Kresse
125 g Kräuter-Crème-fraîche
1 Prise Muskat

Außerdem:
Kresse zum Garnieren

1. Die Schweineschnitzel unter fließendem Wasser waschen, trocken tupfen, leicht klopfen, mit Salz und Pfeffer würzen und in Mehl wenden.

2. Die Eier in einem tiefen Teller verschlagen und die Semmelbrösel in einen zweiten Teller geben. Die Schweineschnitzel durch die Eier ziehen und mit den Semmelbröseln panieren.

3. Das Butterschmalz in einer Pfanne erhitzen, die Schnitzel darin goldgelb ausbacken, herausnehmen und warm stellen.

4. Die Champignons verlesen, waschen, gut abtropfen lassen, in Scheiben schneiden, mit Zitronensaft beträufeln und im verbliebenen Bratfett anbraten.

5. Die Kirschtomaten waschen, vom Strunk befreien, halbieren, zu den Champignons geben und kurz mitbraten. Mit Salz und Pfeffer würzen und warm stellen.

6. Für die Soße die Schalotten schälen, fein würfeln und in der erhitzten Butter glasig schwitzen. Mit Weißwein ablöschen, die Gemüsebrühe angießen, zum Kochen bringen, fünf Minuten köcheln lassen und im Mixer oder mit dem Pürierstab pürieren.

7. Die Kresse verlesen, waschen und gut abtropfen lassen. Die Kräuter-Crème-fraîche mit der Kresse einrühren und die Soße mit Salz, Pfeffer und Muskat würzen.

8. Die Kräutersoße auf Tellern verteilen, die Schnitzel mit den Champignons dekorativ darauf anrichten, mit Kresse garnieren und mit Spätzle sofort servieren.

SCHNITZELSPIESSCHEN

Für 4 Personen:

4 Putenschnitzel à 60–80 g
Salz, Pfeffer aus der Mühle
Mehl zum Wenden, 2 Eier
1 TL Öl, 1 EL Milch
100 g Semmelbrösel
Butterschmalz zum Ausbacken
1–2 Zucchini
1 Bund Radieschen
200 g Kirschtomaten

1. Die küchenfertigen Putenschnitzel unter fließendem Wasser waschen, trocken tupfen, mit Salz und Pfeffer würzen und in Mehl wenden.

2. Die Eier in einen tiefen Teller geben und mit dem Öl und der Milch verschlagen.

3. Die Schnitzel durch die Eier ziehen und zum Schluss mit den Semmelbröseln panieren.

4. Reichlich Butterschmalz in einer Pfanne erhitzen, die Schnitzel darin goldgelb ausbacken, herausnehmen und in mundgerechte Stücke schneiden.

5. Die Zucchini und die Radieschen putzen, waschen, in Stücke schneiden und mit den halbierten Kirschtomaten und den Schnitzelstückchen auf Spieße stecken.

6. Die Spieße ins verbliebene Bratfett geben und weitere 4–5 Minuten braten.

7. Die Schnitzelspießchen dekorativ anrichten und mit einer Preiselbeersenfsoße und frischem Baguette sofort servieren.

SCHNITZEL MIT KRÄUTERFÜLLUNG
(ohne Abbildung)

Für 4 Personen:

4 Putenschnitzel à 180-200 g
Salz, Pfeffer aus der Mühle
50 g gemischte, frische Kräuter
75 g Edelpilzkäse, 75 g Doppelrahm-
frischkäse, Semmelbrösel zum Binden
einige Tropfen Zitronensaft
einige Tropfen Worcestersoße
Mehl zum Wenden, 2–3 Eier
Semmelbrösel zum Panieren
Butterschmalz zum Braten
Kresse zum Bestreuen

1. Die küchenfertigen Putenschnitzel waschen, trocken tupfen und zum Füllen vorbereiten. Mit Salz und Pfeffer würzen.

2. Die verlesenen, gewaschenen und fein gehackten Kräuter mit dem Edelpilzkäse und dem Frischkäse in einer Schüssel verrühren.

3. Das Ganze mit Semmelbröseln leicht binden. Mit Salz, Pfeffer, Zitronensaft und Worcestersoße würzen und in die Putenschnitzel füllen.

4. Die Putenschnitzel zuerst in Mehl wenden, anschließend durch die verschlagenen Eier ziehen und in den Semmelbröseln panieren.

5. Das Butterschmalz in einer Pfanne erhitzen. Die Schnitzel darin auf

beiden Seiten goldgelb ausbacken, herausnehmen und dekorativ anrichten. Mit Limettenecken und Kirschtomaten garnieren, mit Kresse bestreuen und mit Pommes frites und Salat sofort servieren.

TIROLER SCHNITZEL MIT TOMATENGEMÜSE

Für 4 Personen:

8 Schweineschnitzel à 100 g
Salz, Pfeffer aus der Mühle
Mehl zum Wenden
2–3 Eier
3 EL Sahne
150–200 g Semmelbrösel
½ Bund Petersilie
1 Zweig Rosmarin
1 kleine Zwiebel
Butterschmalz zum Braten

Außerdem:
3–4 Knoblauchzehen
1 EL Olivenöl
600 g Tomaten
2 Zwiebeln
1 EL Mehl
1 TL Paprikapulver edelsüß
Fett zum Frittieren
Rosmarinzweige zum Garnieren

1. Die küchenfertigen Schweineschnitzel unter fließendem Wasser waschen, trocken tupfen, leicht klopfen, mit Salz und Pfeffer kräftig würzen und in Mehl wenden.

2. Die Eier mit der Sahne in einen tiefen Teller geben und verschlagen.

3. Die Petersilie und den Rosmarinzweig verlesen, waschen und gut abtropfen lassen.

4. Die Zwiebel schälen und alles sehr fein hacken. Das Ganze mit den Semmelbröseln vermischen.

5. Die Schweineschnitzel durch die Eier ziehen und mit den Semmelbröseln panieren.

6. Das Butterschmalz in einer Pfanne erhitzen, die Schweineschnitzel darin goldgelb ausbacken, herausnehmen und warm stellen.

7. Die Knoblauchzehen schälen, in Scheiben schneiden und mit dem Olivenöl in einer Pfanne kurz anschwitzen.

8. Die Tomaten waschen, vom Strunk befreien und in grobe Würfel schneiden. Die Tomatenwürfel zum Knoblauch geben, fünf Minuten mitdünsten und mit Salz und Pfeffer würzen.

9. Die Zwiebeln schälen und in Ringe schneiden. Das Mehl mit dem Paprikapulver vermischen, die Zwiebeln darin wenden und schwimmend im erhitzten Fett ausbacken.

10. Die Schnitzel dekorativ anrichten, das Tomatengemüse und die Röstzwiebeln darauf verteilen, mit Rosmarinzweigen garnieren und sofort servieren.

PANIERTE ZIGEUNER-SCHNITZEL

Für 4 Personen:

8 Schweineschnitzel à 80 g
Salz, Pfeffer aus der Mühle
1 Prise Cayennepfeffer
1 TL Paprikapulver edelsüß
Mehl zum Wenden, 2–3 Eier
150–200 g Semmelbrösel
Butterschmalz zum Braten

Für die Soße:
2 Zwiebeln
je 1 gelbe und orange Paprikaschote
4 Frühlingszwiebeln
100 ml Weißwein
300 ml gebundene Bratensoße
100 ml Tomatenketchup
1 EL Paprikapulver edelsüß
1 EL Karamellsirup
einige Tropfen Weinbrand

Außerdem:
Kräuterzweige und Zitronenschnitze
zum Garnieren

1. Die Schweineschnitzel unter fließendem Wasser waschen, trocken tupfen, mit Salz, Pfeffer, Cayennepfeffer und Paprikapulver würzen und in Mehl wenden.

2. Die Schnitzel durch die verschlagenen Eier ziehen und mit den Semmelbröseln panieren.

3. Das Butterschmalz in einer Pfanne erhitzen, die Schnitzel darin braten, herausnehmen und warm stellen.

4. Die Zwiebeln schälen, fein würfeln, ins verbliebene Bratfett geben und glasig schwitzen.

5. Die Paprikaschoten halbieren, entkernen, waschen, in feine Streifen schneiden, zu den Zwiebeln geben und kurz mitbraten.

6. Die Frühlingszwiebeln putzen, waschen, in mundgerechte Stücke schneiden, zu den Paprikastreifen geben und ebenfalls kurz mitschwitzen. Mit Weißwein ablöschen und die gebundene Bratensoße angießen.

7. Die Soße zum Kochen bringen, den Tomatenketchup unterrühren, acht Minuten köcheln lassen und mit Paprikapulver, Karamellsirup, Salz und Pfeffer abschmecken. Die Soße mit Weinbrand aromatisieren.

8. Die panierten Schnitzel mit der Soße dekorativ anrichten, mit Kräuterzweigen und Zitronenschnitzen garnieren und mit je einer Portion bissfest gegartem Reis sofort servieren.

SCHNITZELBURGER „AMERICAN STYLE"

Für 4 Personen:

4 Schweineschnitzel à 160 g
Salz, Pfeffer aus der Mühle
einige Tropfen Zitronensaft
Mehl zum Wenden
2–3 Eier
150–200 g Semmelbrösel
Butterschmalz zum Braten

Außerdem:
4 Sesambrötchen
einige Salatblätter
4 Essiggurken
100 g Salatmayonnaise
100 ml Chiliketchup
einige Tropfen Weinbrand
einige Tropfen Worcestersoße

1. Die küchenfertigen Schweineschnitzel unter fließendem Wasser
waschen, trocken tupfen, mit Salz
und Pfeffer würzen, mit Zitronensaft beträufeln und in Mehl wenden.

2. Die Eier in einen tiefen Teller
geben und verschlagen und die
Semmelbrösel in einen zweiten
Teller geben. Die Schnitzel durch
die Eier ziehen und mit den
Semmelbröseln panieren.

3. Das Butterschmalz in einer Pfanne erhitzen, die Schnitzel darin
goldgelb ausbacken, herausnehmen
und bereitstellen.

4. Die Sesambrötchen halbieren
und kurz aufbacken. Die Salatblätter
verlesen, waschen, gut abtropfen
lassen, die Essiggurken in dünne
Scheiben schneiden.

5. Die Salatmayonnaise mit dem
Chiliketchup in einer Schüssel
verrühren, mit Weinbrand und
Worcestersoße verfeinern, mit Salz
und Pfeffer abschmecken.

6. Die unteren Hälften der Sesambrötchen mit der Soße bestreichen,
schichtweise Salatblätter, Gurken-
scheiben und je ein Schnitzel darauflegen, mit der restlichen Soße
beträufeln, mit der oberen Bröt-
chenhälfte abdecken, dekorativ
anrichten und mit Kartoffelwedges
sofort servieren.

DEFTIGE SALAMISCHNITZEL MIT ENDIVIENSALAT

Für 4 Personen:

8 Schweineschnitzel à 100 g
Salz, Pfeffer aus der Mühle
Mehl zum Wenden
3 Eier, 50 ml süße Sahne
200 g Semmelbrösel
Butterschmalz zum Braten
200 g Salami
2 Knoblauchzehen
3 Tomaten

Für den Salat:
1 kleiner Kopf Endiviensalat
100 g Rucola
1 Kästchen Kresse
50 ml Estragonessig
100 ml Orangensaft
2 EL Honig
1 Prise Cayennepfeffer
75 ml Traubenkernöl

Außerdem:
Basilikumblättchen zum Garnieren

1. Die küchenfertigen Schnitzel unter fließendem Wasser waschen, trocken tupfen, leicht klopfen, mit Salz und Pfeffer würzen und in Mehl wenden.

2. Die Eier mit der Sahne in einem tiefen Teller verschlagen und die Semmelbrösel in einen zweiten Teller geben. Die Schnitzel durch die Eier ziehen und mit den Semmelbröseln panieren.

3. Das Butterschmalz in einer Pfanne erhitzen, die Schnitzel darin goldgelb ausbacken, herausnehmen und warm stellen.

4. Die Salami in Würfel schneiden. Die Knoblauchzehen schälen, fein würfeln, mit den Salamiwürfeln ins verbliebene Bratfett geben und anbraten.

5. Die Tomaten waschen, vom Strunk befreien, die Tomaten in Scheiben schneiden, zur Salami geben und kurz mitbraten.

6. Den Endiviensalat verlesen, waschen, zerpflücken, je nach Bedarf klein schneiden, mit dem verlesenen, gewaschenen und gut abgetropften Rucola und der verlesenen, gewaschenen Kresse in einer Schüssel vermischen.

7. Den Estragonessig mit dem Orangensaft und dem Honig in einer Schüssel verrühren, mit Salz, Pfeffer und Cayennepfeffer kräftig abschmecken. Das Öl einrühren und den Salat damit anmachen.

8. Je ein Schnitzel auf einen Teller legen, die Tomatenscheiben mit den Salamiwürfeln gleichmäßig darauf verteilen und mit je einem weiteren Schnitzel belegen. Den Endiviensalat dazugeben, mit Basilikumblättchen garnieren und sofort servieren.

KÄSESCHNITZEL PARMICIANA

Für 4 Personen:

*8 Schweine- oder Kalbsschnitzel à
60–80 g, Salz, Pfeffer aus der Mühle
Saft von 1 Zitrone, 125–150 g Mehl
3 Eier, 1 Tasse Semmelbrösel
75 g geriebener Parmesankäse
Butterschmalz zum Braten
200 g Kirschtomaten
100 g gekochter Schinken
150 g geriebener Bel Paese
Kräuterzweige zum Garnieren*

1. Die Schnitzel unter fließendem Wasser waschen, trocken tupfen, mit Salz und Pfeffer würzen, mit Zitronensaft beträufeln und kurz ziehen lassen. Anschließend die Schnitzelchen in Mehl wenden und durch die verschlagenen Eier ziehen. Die Semmelbrösel und den Parmesankäse vermischen und die Schnitzel damit panieren.

2. Butterschmalz erhitzen, die Käseschnitzelchen darin ausbacken, herausnehmen und warm stellen. Die Kirschtomaten waschen, den Strunk herausschneiden und die Tomaten halbieren oder vierteln. Den Schinken würfeln.

3. Die Schnitzel auf eine feuerfeste Platte legen, die Tomaten und den Schinken auf den Schnitzelchen verteilen, mit dem Bel Paese bestreuen und unter dem Grill goldgelb überbacken.

4. Die Käseschnitzel Parmiciana dekorativ anrichten, mit Kräuterzweigen garnieren und mit hausgemachten Kräuternudeln sofort servieren.

SELLERIESCHNITZEL
(ohne Abbildung)

Für 4 Personen:

*1 große Knolle Sellerie (800–1000 g)
250 g Brokkoliröschen, Salzwasser
oder Gemüsebrühe zum Garen
Salz, Pfeffer aus der Mühle
8 Scheiben gekochter Schinken
8 Scheiben Butterkäse
50 g gemischte Kräuter (Estragon,
Petersilie, Kerbel)
Mehl zum Wenden, 3 Eier
Semmelbrösel zum Panieren
Butterschmalz zum Braten
4 Portionen Tomatensoße*

1. Den Sellerie schälen und in 1 cm dicke Scheiben schneiden. Die Brokkoliröschen verlesen, waschen und abtropfen lassen.

2. Salzwasser oder Gemüsebrühe in einem Topf zum Kochen bringen.

3. Die Selleriescheiben darin bissfest garen, herausnehmen, gut abtropfen lassen, mit Salz und Pfeffer würzen.

4. Die Brokkoliröschen im Selleriefond bissfest garen, herausnehmen, gut abtropfen lassen und fein hacken.

5. Die Hälfte der Selleriescheiben mit Schinken belegen, den Brokkoli gleichmäßig darauf verteilen und mit Käsescheiben abdecken.

6. Mit den verlesenen, gewaschenen und fein gehackten Kräutern bestreuen und die restlichen Selleriescheiben darauflegen.

7. Die Sellerieschnitzel in Mehl wenden. Die Eier verschlagen, die Sellerieschnitzel durchziehen und in Semmelbröseln panieren.

8. Das Butterschmalz in einer Pfanne erhitzen und die Schnitzel darin auf beiden Seiten goldgelb ausbacken.

9. Die heiße Tomatensoße auf Tellern verteilen, die Sellerieschnitzel einsetzen, mit Kräuterzweigen garnieren und sofort servieren.

SCHNITZEL STROGANOFF

Für 4 Personen:

4 Kalbsschnitzel à 180 g
Salz, Pfeffer aus der Mühle
Mehl zum Wenden
2–3 Eier
150–200 g Semmelbrösel
Butterschmalz zum Braten

Für die Soße:
100 g Schalotten
2 EL Butter
30 g getrocknete, eingeweichte
Steinpilze
100 g Essiggurken
200 g frische Champignons
einige Tropfen Zitronensaft
100 ml Weißwein
200 ml Gemüse- oder Fleischbrühe
heller Soßenbinder zum Binden
200 g Sauerrahm

Außerdem:
½ Bund Petersilie

1. Die küchenfertigen Kalbsschnitzel unter fließendem Wasser waschen, trocken tupfen, leicht klopfen, mit Salz und Pfeffer kräftig würzen und in Mehl wenden.

2. Die Eier in einer Schüssel verschlagen, die Schnitzel durch die Eier ziehen und mit den Semmelbröseln panieren.

3. Das Butterschmalz in einer Pfanne erhitzen und die Schnitzel darin goldgelb ausbacken, herausnehmen und warm stellen.

4. Die Schalotten schälen und in Scheiben schneiden oder vierteln. Ddie Butter in einer Pfanne erhitzen und die Schalotten darin anschwitzen.

5. Die Steinpilze und die Essiggurken gut abtropfen lassen, in Streifen schneiden, zu den Schalotten geben und kurz mitschwitzen.

6. Die Champignons putzen, in Streifen schneiden, mit Zitronensaft beträufeln, in die Pfanne geben und ebenfalls kurz mitschwitzen.

7. Mit Weißwein ablöschen, die Gemüse- oder Fleischbrühe angießen und das Einweichwasser der Steinpilze dazugeben. Das Ganze zum Kochen bringen und fünf Minuten bei starker Hitze einreduzieren lassen.

8. Die Soße mit hellem Soßenbinder leicht binden, den Sauerrahm einrühren, erhitzen, aber nicht mehr kochen lassen.

9. Die Schnitzel dekorativ anrichten, mit der Soße überziehen, mit der verlesenen, gewaschenen und fein gehackten Petersilie bestreuen und mit Zucchinigemüse und Bandnudeln sofort servieren.

SCHWEIZER SCHNITZEL MIT LAUCHSALAT

Für 4 Personen:

4 Schweineschnitzel à 200 g
Salz, Pfeffer aus der Mühle
100 g geriebener Emmentaler
100 g geriebener Edamer
Mehl zum Wenden
2–3 Eier
150–200 g Semmelbrösel
Butterschmalz zum Braten

Für den Salat:
2 Stangen Lauch
1 Zwiebel
Gemüsebrühe zum Blanchieren
100 g Kirschtomaten
75 ml Kräuteressig
1 Prise Zucker
75 ml Sonnenblumenöl

1. Die küchenfertigen Schweineschnitzel unter fließendem Wasser waschen, trockentupfen, gut klopfen, mit Salz und Pfeffer würzen.

2. Den Emmentaler und den Edamer vermischen, gleichmäßig auf den Schnitzeln verteilen, diese zusammenklappen und mit Rouladennadeln oder Zahnstochern zusammenstecken.

3. Die Schnitzel in Mehl wenden. Die Eier in einem tiefen Teller verschlagen und die Semmelbrösel in einen zweiten Teller geben. Die Schnitzel durch die Eier ziehen und mit den Semmelbröseln panieren.

4. Das Butterschmalz in einer Pfanne erhitzen, die Schnitzel darin goldgelb ausbacken, herausnehmen und warm stellen.

5. Für den Salat den Lauch putzen, waschen, die Zwiebel schälen und beides in Scheiben schneiden.

6. Die Gemüsebrühe in einem Topf erhitzen, Zwiebel- und Lauchscheiben darin blanchieren, herausnehmen, gut abtropfen lassen und in eine Schüssel geben.

7. Die Kirschtomaten waschen, vom Strunk befreien, je nach Bedarf halbieren oder vierteln und unter den Lauchsalat heben.

8. Den Kräuteressig mit 75 ml Gemüsebrühe in einer Schüssel verrühren, mit Salz, Pfeffer und Zucker abschmecken, das Sonnenblumenöl einrühren und den Salat damit anmachen.

9. Die Schweizer Schnitzel dekorativ anrichten, den Lauchsalat dazugeben, garnieren und sofort servieren.

FITNESSSCHNITZEL MIT TOMATENSALSA

Für 4 Personen:

8 Kalbsschnitzelchen à 100 g
Salz, Pfeffer aus der Mühle
Mehl zum Wenden, 2–3 Eier
50 ml Milch
50 g Semmelbrösel
100 g kernige Haferflocken
Butterschmalz zum Braten

Für die Soße:
1 Knoblauchzehe, 2 Schalotten
1 Dose Pizzatomaten (400 ml)
50 g geriebener Parmesankäse
3 EL Olivenöl
1 Prise Cayennepfeffer
1 Prise Zucker

Außerdem:
Zitronenecken und Kerbelzweige
zum Garnieren

1. Die küchenfertigen Schnitzel unter fließendem Wasser waschen, trocken tupfen, mit Salz und Pfeffer würzen und in Mehl wenden.

2. Die Eier mit der Milch in einen tiefen Teller geben und verschlagen.

3. Die Semmelbrösel mit den Haferflocken in einen zweiten Teller geben und vermischen.

4. Die Schnitzel durch die Eier ziehen und mit der Semmelbrösel-Haferflocken-Mischung panieren.

5. Das Butterschmalz in einer Pfanne erhitzen, die Schnitzel darin goldgelb ausbacken, herausnehmen und warm stellen.

6. Die Knoblauchzehe und die Schalotten schälen, fein würfeln, mit den Pizzatomaten, dem Parmesankäse und dem Olivenöl im Mixer oder mit dem Pürierstab pürieren.

7. Die Soße mit Salz, Pfeffer, Cayennepfeffer und Zucker kräftig abschmecken.

8. Die Fitnessschnitzel mit der Tomatensalsa dekorativ anrichten, mit Zitronenecken und Kerbelzweigen garnieren und mit einem Paprikasalat sofort servieren.

47

GEFÜLLTE GEMÜSESCHNITZEL NACH ART DER GÄRTNERIN

Für 4 Personen:

4 dünne Schweineschnitzel
à 200 g
Salz, Pfeffer aus der Mühle
2 EL Kräuterbutter
1 Knoblauchzehe
150 g TK-Gemüsemischung
(Fertigprodukt)
einige Zweige Kerbel
1 Prise Muskat

Außerdem:
Mehl zum Wenden
2–3 Eier
30 ml süße Sahne
150–200 g Semmelbrösel
Butterschmalz zum Braten
Kerbelzweige zum Garnieren

1. Die küchenfertigen Schweineschnitzel unter fließendem Wasser waschen, trocken tupfen, gut flach klopfen und mit Salz und Pfeffer kräftig würzen.

2. Für die Füllung die Kräuterbutter in einer Pfanne erhitzen und die geschälte und gehackte Knoblauchzehe darin glasig schwitzen.

3. Die aufgetaute Gemüsemischung dazugeben und das Gemüse bissfest garen.

4. Den Kerbel verlesen, waschen, fein hacken, unter das Gemüse mischen und das Ganze mit Salz, Pfeffer und Muskat würzen. Das Gemüse vom Herd nehmen und erkalten lassen.

5. Das Gemüse gleichmäßig auf die Schnitzel verteilen, diese zusammenklappen, mit Zahnstochern zusammenstecken und die Schnitzel in Mehl wenden.

6. Die Eier mit der Sahne in einem tiefen Teller verschlagen und die Semmelbrösel in einen zweiten Teller geben. Die Schweineschnitzel durch die Eier ziehen und mit den Semmelbröseln panieren.

7. Das Butterschmalz in einer Pfanne erhitzen, die Schweineschnitzel darin goldgelb ausbacken, herausnehmen und dekorativ anrichten. Mit Kerbelzweigen garnieren und mit Petersilienkartoffeln sofort servieren.

PUTENSCHNITZEL MIT PAPRIKA-CHAMPIGNON-GEMÜSE

Für 4 Personen:

4 Putenschnitzel à 200 g
Salz, Pfeffer aus der Mühle
Mehl zum Wenden, 2–3 Eier
50 ml Milch, 150–200 g Semmelbrösel
Butterschmalz zum Braten

Für das Gemüse:
2 grüne Paprikaschoten
1 Zwiebel, 2 EL Olivenöl
250 g Champignons
Saft von 1 Zitrone
500 ml gebundene dunkle
Geflügelsoße

Außerdem:
4 Tomaten, 50 g Semmelbrösel
2 EL gemischte, gehackte Kräuter
30 g geriebener Parmesankäse
50 g gehobelter Parmesankäse
Basilikumblättchen zum Garnieren

1. Die küchenfertigen Putenschnitzel unter fließendem Wasser waschen, trocken tupfen, mit Salz und Pfeffer würzen und in Mehl wenden.

2. Die Eier mit der Milch in einem tiefen Teller verschlagen und die Semmelbrösel in einen zweiten Teller geben. Die Putenschnitzel durch die Eier ziehen und mit den Semmelbröseln panieren.

3. Das Butterschmalz in einer Pfanne erhitzen, die Putenschnitzel darin goldgelb ausbacken, herausnehmen und warm stellen.

4. Für das Gemüse die Paprikaschoten halbieren, entkernen, waschen, gut abtropfen lassen und in Streifen schneiden. Die Zwiebel schälen und fein würfeln. Das Olivenöl in einer Pfanne erhitzen und die Zwiebelwürfel sowie die Paprikastreifen darin anschwitzen.

5. Die Champignons putzen, in Scheiben schneiden, mit Zitronensaft beträufeln, zum Gemüse geben und kurz mitschwitzen. Die Geflügelsoße angießen, das Ganze zum Kochen bringen, das Gemüse darin bissfest garen und mit Salz und Pfeffer abschmecken.

6. Die Tomaten waschen, vom Strunk befreien, eine Haube abschneiden und die Tomaten auf eine feuerfeste Platte setzen.

7. Die Semmelbrösel mit den gehackten Kräutern und dem geriebenen Parmesankäse vermischen, auf die Tomaten streuen und die Tomaten unter dem Grill oder im auf 220 °C vorgeheizten Backofen zehn Minuten überbacken.

8. Die panierten Putenschnitzel mit dem Gemüse und der Soße sowie den überbackenen Tomaten dekorativ anrichten, mit frisch gehobeltem Parmesankäse bestreuen, mit Basilikumblättchen garnieren und sofort servieren.

51

FITNESSSALAT MIT SCHNITZELSTREIFEN

Für 4 Personen:

500 g Schweineschnitzel
Salz, Pfeffer aus der Mühle
1 TL Paprikapulver rosenscharf
1 TL Knoblauchgranulat, Mehl zum
Wenden, 2 Eier, 150 g Semmelbrösel
Fett zum Frittieren

Für den Salat:
1 kleiner Kopf grüner Salat
(Kopf- oder Eichblattsalat)
100 g frische Champignons
Saft von ½ Zitrone, 2 Tomaten
1 gelbe Paprikaschote, 1 Zwiebel

Für das Dressing:
100 ml Gemüsebrühe
50 ml Kräuteressig
Saft von ½ Zitrone, 1 Prise Zucker
75 ml Sonnenblumenöl, 2 EL gerös-
tete, geschälte Sonnenblumenkerne
Basilikumblättchen zum Garnieren

1. Die küchenfertigen Schweine-schnitzel unter fließendem Wasser waschen, trocken tupfen, in mund-gerechte Streifen schneiden, mit Salz, Pfeffer, Paprikapulver und Knoblauchgranulat würzen und die Schnitzelstreifen in Mehl wenden.

2. Die Eier in einem Teller verschla-gen und die Semmelbrösel in einen zweiten Teller geben. Die Schnitzel-streifen durch die Eier ziehen und mit den Semmelbröseln panieren.

3. Das Fett in einem Frittiertopf erhitzen, die Schnitzelstreifen darin goldgelb ausbacken, herausnehmen, auf Küchenkrepp gut abtropfen las-sen und warm stellen.

4. Den grünen Salat verlesen, waschen, gut abtropfen lassen, in mundgerechte Stücke zerpflücken und in eine Schüssel geben. Die Champignons putzen, in Scheiben schneiden und mit Zitronensaft beträufeln. Die Tomaten waschen, den Strunk entfernen und die Tomaten achteln.

5. Die Paprikaschote halbieren, ent-kernen, waschen, gut abtropfen las-sen und in feine Würfel schneiden. Die Zwiebel schälen und in Schei-ben schneiden.

6. Die Champignons, die Tomaten, die Paprikawürfel und die Zwiebel-scheiben zum Salat geben und alles vorsichtig miteinander vermischen.

7. Für das Dressing die Gemüse-brühe mit dem Kräuteressig und dem Zitronensaft in einer Schüssel verrühren, mit Salz, Pfeffer und Zucker abschmecken. Das Sonnen-blumenöl tropfenweise einrühren und den Salat damit anmachen.

8. Den Salat auf Tellern dekorativ anrichten, die Schnitzelstreifen da-rauf verteilen, das Ganze mit den gerösteten Sonnenblumenkernen bestreuen, mit Basilikumblättchen garnieren und sofort servieren.

KNUSPERSCHNITZEL MIT CORNFLAKES-PANADE

Für 4 Personen:

4 Putenschnitzel à 150 g
Salz, Pfeffer aus der Mühle
1 Prise Cayennepfeffer
Mehl zum Wenden
2–3 Eier
1 Schuss Milch
80 g Cornflakes
50 g Semmelbrösel
Butterschmalz zum Braten

Für den Tomatensalat:

600 g Tomaten
1–2 rote Zwiebeln
1 Bund Petersilie
50 ml weißer Balsamicoessig
1 TL Zucker
50 ml Olivenöl

Außerdem:

Chilischeiben zum Garnieren

1. Die küchenfertigen Putenschnitzel unter fließendem Wasser waschen, trocken tupfen, leicht klopfen, mit Salz, Pfeffer und Cayennepfeffer kräftig würzen und in Mehl wenden.

2. Die Eier mit der Milch in einem tiefen Teller verschlagen. Die Cornflakes zerdrücken, mit den Semmelbröseln vermischen und in einen zweiten Teller geben.

3. Die Schnitzel durch die Eier ziehen und mit der Cornflakes-Semmelbrösel-Mischung panieren.

4. Butterschmalz in einer Pfanne erhitzen, die Schnitzel darin goldgelb ausbacken, herausnehmen und warm stellen.

5. Für den Tomatensalat die Tomaten waschen, den Strunk herausschneiden und die Tomaten achteln.

6. Die Tomaten mit den geschälten und in Scheiben geschnittenen Zwiebeln und der verlesenen, gewaschenen und fein gehackten Petersilie in einer Schüssel vermischen.

7. Den Balsamicoessig mit dem Zucker verrühren, mit dem Olivenöl unter den Tomatensalat ziehen, mit Salz und Pfeffer würzen.

8. Die Schnitzel mit dem Tomatensalat dekorativ anrichten, mit Chilischeiben garnieren und sofort servieren.

LAUCH-KÄSE-SCHNITZEL

Für 4 Personen:

8 Schweineschnitzel à 90 g
Salz, Pfeffer aus der Mühle
Mehl zum Wenden, 2–3 Eier
150–200 g Semmelbrösel
Butterschmalz zum Braten
1 Bund Lauchzwiebeln
8 kleine Tomaten
150 g geriebener Emmentaler
Kräuterzweige zum Garnieren

1. Die küchenfertigen Schnitzel waschen, trocken tupfen, leicht klopfen, mit Salz und Pfeffer kräftig würzen und in Mehl wenden. Die Eier in einem tiefen Teller verschlagen und die Semmelbrösel in einen zweiten Teller geben. Die Schnitzel durch die Eier ziehen und mit den Semmelbröseln panieren.

2. Schmalz in einer Pfanne erhitzen, die Schnitzel darin goldgelb ausbacken, herausnehmen und auf eine feuerfeste Platte setzen.

3. Die Lauchzwiebeln putzen, waschen, in Stücke schneiden, ins verbliebene Bratfett geben und glasig schwitzen. Herausnehmen und auf den Schnitzeln anrichten.

4. Die Tomaten waschen, vom Strunk befreien, oben über Kreuz einschneiden und zu den Schnitzeln legen. Die Schnitzel und die Tomaten mit dem Käse bestreuen und im auf 200 °C vorgeheizten Backofen 15 Minuten backen.

5. Die Schnitzel mit den Tomaten dekorativ anrichten, mit Kräuterzweigen garnieren und mit frischen Baguettes sofort servieren.

SCHNITZEL MIT ZWIEBELN
(ohne Abbildung)

Für 4 Personen:

4 Schweineschnitzel à 180 g, Salz
Pfeffer aus der Mühle, Mehl zum
Wenden, 2 Eier, 150 g Semmelbrösel
Butterschmalz zum Ausbacken
600 g rote Zwiebeln, 1 EL Olivenöl
1 Zweig Rosmarin, 100 ml Portwein
200 ml Gemüse- oder Fleischbrühe
1 Prise Zucker, 150 g Bohnen
150 g Zuckerschoten, Salzwasser zum
Blanchieren, 2 Tomaten, Rosmarin,
Basilikum und Zitronenschnitze
zum Garnieren

1. Die küchenfertigen Schnitzel unter fließendem Wasser waschen, trocken tupfen und leicht klopfen. Mit Salz und Pfeffer würzen.

2. Die Schweineschnitzel in Mehl wenden. Die Eier in einer Schüssel verschlagen, die Schweineschnitzel durch die Eier ziehen und in Semmelbröseln panieren. Das Butterschmalz in einer Pfanne erhitzen, die Schweineschnitzel darin goldgelb ausbacken und warm stellen.

3. Die Zwiebeln schälen und in mundgerechte Stücke schneiden.

4. Das Olivenöl in einer Pfanne erhitzen und die Zwiebeln darin anschwitzen. Den Rosmarin verlesen, waschen, fein schneiden, zu den Zwiebeln geben, den Portwein angießen und mit der Gemüse- oder Fleischbrühe auffüllen. Die Zwiebeln mit Salz, Pfeffer und Zucker würzen und bei mäßiger Hitze 6–8 Minuten dünsten.

5. Die Bohnen und die Zuckerschoten verlesen, waschen, in Salz-wasser blanchieren, herausnehmen und gut abtropfen lassen. Mit den enthäuteten, entkernten und in Würfel geschnittenen Tomaten unter die Zwiebeln heben.

6. Das Zwiebelgemüse durchschwenken, nochmals erhitzen und dekorativ anrichten. Die gebackenen Schweineschnitzel dazulegen, mit Rosmarin, Basilikum und Zitronenschnitzen garnieren und sofort servieren.

SCHNITZELTOAST HAWAII

Für 4 Personen:

4 Putenschnitzel à 125 g
Salz, Pfeffer aus der Mühle
1 Prise Cayennepfeffer
Saft von 1 Limette
Mehl zum Wenden
2–3 Eier
1 Schuss Milch
100 g Semmelbrösel
Butterschmalz zum Braten

Außerdem:
4 Scheiben Toastbrot
4 Scheiben gekochter Schinken
4 Scheiben Ananas
100 g geriebener,
junger Gouda
Tomaten- und Limettenecken
Schinkenscheiben und
Kräuterzweige zum Garnieren

2. Die Eier mit der Milch in einem tiefen Teller verschlagen, die Schnitzel durch die Eier ziehen und mit den Semmelbröseln panieren.

3. Das Butterschmalz in einer Pfanne erhitzen und die Schnitzel darin goldgelb ausbacken.

4. Das Toastbrot toasten und auf ein Grillgitter setzen. Mit je einem Schnitzel, einer Scheibe gekochtem Schinken und einer Ananasscheibe belegen.

5. Das Ganze mit dem geriebenen Gouda bestreuen und im Backofen oder unter dem Grill überbacken.

6. Den Schnitzeltoast Hawaii dekorativ anrichten, mit Tomaten- und Limettenecken, Schinkenscheiben und Kräuterzweigen garnieren und sofort servieren.

1. Die küchenfertigen Putenschnitzel unter fließendem Wasser waschen, trocken tupfen, leicht klopfen, mit Salz, Pfeffer und Cayennepfeffer kräftig würzen, mit Limettensaft beträufeln und in Mehl wenden.

SCHNITZEL MIT MANGO UND CURRYSOSSE

Für 4 Personen:

*4 Schweine- oder Putenschnitzel
à 180–200 g
Salz, Pfeffer aus der Mühle
2 EL Mehl, 2–3 Eier
150–200 g Semmelbrösel
Öl zum Braten*

*Für die Currysoße:
2 Zwiebeln, 1 Mango
1 reife Banane
2 EL Sonnenblumenöl
1 geh. EL Curry
1–2 geh. EL Mangochutney
300 ml Gemüsebrühe
200 ml süße Sahne
1–2 TL Tabasco
Speisestärke zum Binden*

*Außerdem:
Mangoscheiben, blanchierte
Zucchinistücke und Physalis zum
Garnieren*

1. Die Schnitzel unter fließendem Wasser waschen, trocken tupfen, mit Salz und Pfeffer würzen.

2. Die Schnitzel in Mehl wenden, durch die verschlagenen Eier ziehen und mit den Semmelbröseln panieren.

3. Reichlich Öl in einer Pfanne erhitzen, die Schnitzel darin auf beiden Seiten goldbraun braten,

herausnehmen und warm stellen.

4. Für die Currysoße die Zwiebeln schälen und in feine Würfel schneiden.

5. Die Mango dünn schälen, das Fruchtfleisch vom Kern lösen und die Hälfte in Würfel schneiden. Das restliche Fruchtfleisch zum Garnieren beiseite legen. Die Banane schälen und in Stücke schneiden.

6. Das Sonnenblumenöl in einem Topf erhitzen, Zwiebeln, Mangowürfel und Bananen dazugeben und anschwitzen.

7. Den Curry darüberstreuen und mitschwitzen. Das Mangochutney einrühren, die Gemüsebrühe und die Sahne angießen, mit Tabasco nach Geschmack abschmecken und die Soße bei schwacher Hitze 10–15 Minuten köcheln lassen.

8. Die Currysoße durch ein Sieb passieren, nach Bedarf mit etwas angerührter Speisestärke leicht binden und nochmals abschmecken.

9. Die Schnitzel auf vorgewärmten Tellern dekorativ anrichten, mit Mangoscheiben, Zucchinistücken und Physalis garnieren, mit der Currysoße und einer Langkorn-Wildreismischung sofort servieren.

Kokosschnitzel auf Gemüse

Für 4 Personen:

4 Putenschnitzel à 180–200 g
Salz, Pfeffer aus der Mühle
Mehl zum Wenden, 2–3 Eier
50 g Kokosflocken
100 g Semmelbrösel
Butterschmalz zum Braten

Für das Gemüse:
1–2 EL Butter
1 Zwiebel
2 Möhren
1 Stange Lauch
200 g weißer Spargel
Saft von 1 Limette
100 ml Weißwein
100 ml Gemüse- oder Fleischbrühe
50 ml weißer Balsamicoessig
1 Prise Muskat
1 Prise Zucker

Außerdem:
Limettenscheiben zum Garnieren

1. Die küchenfertigen Puten-schnitzel unter fließendem Wasser waschen, trocken tupfen, mit Salz und Pfeffer würzen und in Mehl wenden.

2. Die Eier in einer Schüssel ver-schlagen, die Kokosflocken und die Semmelbrösel in einer zweiten Schüssel vermischen.

3. Die Putenschnitzel zuerst durch die Eier ziehen und dann mit der Kokos-Bröselmischung panieren.

4. Butterschmalz in einer Pfanne erhitzen, die Schnitzel darin gold-gelb ausbacken, herausnehmen und warm stellen.

5. Die Butter in einem Topf erhit-zen. Die Zwiebel schälen, fein wür-feln, ins Fett geben und glasig schwitzen. Die Möhren schälen, in feine Scheiben schneiden, zu den Zwiebeln geben und kurz dünsten.

6. Den Lauch putzen, waschen und in Stücke schneiden. Den Spargel dünn schälen, in mundgerechte Stücke schneiden, mit dem Lauch zum Gemüse geben und kurz mit-schwitzen.

7. Den Limettensaft, den Weißwein, die Gemüse- oder Fleischbrühe und den Balsamicoessig angießen und das Gemüse bei mäßiger Hitze 8–10 Minuten bissfest garen.

8. Das Gemüse mit Salz, Pfeffer, Muskat und Zucker abrunden und dekorativ anrichten. Die Kokos-schnitzel darauflegen, mit Limetten-scheiben garnieren und mit bissfest gegartem, gemischtem Reis sofort servieren.

63

GEFÜLLTE KÄSESCHNITZEL

Für 4 Personen:

Für den Kartoffelsalat:
*800 g Salatkartoffeln
1 TL gemahlener Kümmel
50 ml Kräuteressig
1–2 TL mittelscharfer Senf
100 ml Fleischbrühe (Instant)
Salz, Pfeffer aus der Mühle
100 ml Sonnenblumenöl
200 g Rucola, 2 Zwiebeln*

Für die Käseschnitzel:
*4 Schweineschnitzel à 180 g
200 g geriebener Käse
1 EL gehackte Petersilie
2 EL Mehl, 2–3 Eier
150–200 g Semmelbrösel
Öl zum Braten*

Außerdem:
*Kirschtomaten und Rucola zum
Garnieren*

1. Für den Kartoffelsalat die Kartoffeln waschen. Salzwasser mit dem Kümmel erhitzen, die Kartoffeln darin weich kochen, herausnehmen, pellen, in dünne Scheiben schneiden und in eine Schüssel geben.

2. Für das Dressing den Kräuteressig mit dem Senf und der Fleischbrühe verrühren. Mit Salz und Pfeffer kräftig abschmecken. Zum Schluss das Sonnenblumenöl untermischen. Den Kartoffelsalat mit dem Dressing anmachen und abkühlen lassen.

3. Den Rucola verlesen, waschen, nach Bedarf zerpflücken und mit den geschälten, in feine Ringe geschnittenen Zwiebeln unter den Kartoffelsalat mischen.

4. Die küchenfertigen Schweineschnitzel unter fließendem Wasser waschen, trocken tupfen, dünn klopfen, mit Salz und Pfeffer würzen und auf eine Arbeitsfläche legen.

5. Jedes Schnitzel mit geriebenem Käse und gehackter Petersilie belegen, zusammenklappen und mit je drei Zahnstochern feststecken.

6. Die Schnitzel in Mehl wenden, durch die verschlagenen Eier ziehen und mit den Semmelbröseln panieren. Reichlich Öl in einer Pfanne erhitzen und die Schnitzel darin auf beiden Seiten goldbraun braten.

7. Die Käseschnitzel auf Tellern dekorativ anrichten, den Kartoffelsalat dazugeben, mit Kirschtomaten und Rucola garnieren und sofort servieren.

SCHWEINESCHNITZEL IN NUSSPANADE

Für 4 Personen:

8 Schweineschnitzel à 60–80 g
Salz, Pfeffer aus der Mühle
1 Tasse Mehl
2–3 Eier
100 g Semmelbrösel
50 g gemischte, gehackte Nüsse
3–4 EL Butterschmalz

Außerdem:
800 g Rosenkohl
Gemüsebrühe zum Garen
50 g Frühstücksspeck
2 Schalotten
2 EL Butter
1 Prise Muskat
gebratene Speckspießchen und halbierte Zitronenscheiben zum Garnieren

1. Die küchenfertigen Schweineschnitzel unter fließendem Wasser waschen, trocken tupfen, leicht klopfen, mit Salz und Pfeffer würzen.

2. Die Schnitzel in Mehl wenden und durch die verschlagenen Eier ziehen. Die Semmelbrösel mit den Nüssen vermischen und die Schweineschnitzel damit panieren.

3. Das Butterschmalz in einer Pfanne erhitzen, die Schnitzel darin auf beiden Seiten goldgelb braten, herausnehmen und warm stellen.

4. Den Rosenkohl putzen, waschen und gut abtropfen lassen. Die Strünke kreuzweise einschneiden.

5. Die Gemüsebrühe in einem Topf erhitzen. Die Rosenkohlröschen darin bissfest garen, herausnehmen, gut abtropfen lassen und bereitstellen.

6. Den Frühstücksspeck und die geschälten Schalotten in feine Würfel schneiden und in einer Pfanne mit der Butter anbraten.

7. Die Rosenkohlröschen dazugeben und kurz mitbraten, mit Salz, Pfeffer und Muskat würzen.

8. Die Nussschnitzel mit dem Speckrosenkohl dekorativ anrichten, mit den gebratenen Speckspießchen und halbierten Zitronenscheiben garnieren und sofort servieren.

SCHNITZELPIZZA

Für 4 Personen:

Für die Tomatensoße:
2–3 EL Olivenöl, 1 Zwiebel
2–3 Knoblauchzehen
500 g Tomaten, 1 Bund Basilikum
Salz, Pfeffer aus der Mühle
1 TL Kräuter der Provence

Für den Teig:
500 g Mehl, 1 Päckchen Trockenhefe
250 ml Wasser, 1 TL Zucker
1 TL Salz, 50 ml Olivenöl

Für den Belag:
2 Tomaten, 2 gelbe Paprikaschoten
12 Schweineschnitzel à 50–60 g
Mehl zum Wenden, 2–3 Eier
1 TL Öl, 1 EL Milch
150–200 g Semmelbrösel
Butterschmalz zum Ausbacken
200 g geriebener Pizzakäse
1 Glas entsteinte, grüne Oliven
Basilikumblättchen zum Garnieren

1. Das Olivenöl erhitzen. Die Zwiebel und den Knoblauch schälen, würfeln, ins Fett geben und glasig schwitzen. Die Tomaten, waschen, den Strunk herausschneiden, die Tomaten in Stücke schneiden, zu den Knoblauchzwiebeln geben und kurz anschwitzen.

2. Das klein geschnittene Basilikum untermischen, mit Salz, Pfeffer und Kräutern der Provence würzen und 8–10 Minuten köcheln lassen. Vom Herd nehmen und erkalten lassen.

3. Für den Teig Mehl, Hefe, lauwarmes Wasser, Zucker, Salz und Olivenöl zu einem Teig verarbeiten. Den Teig so lange schlagen, bis er Blasen wirft. Den Teig zugedeckt an einem warmen Ort zur doppelten Menge aufgehen lassen.

4. Die Tomaten waschen, den Strunk herausschneiden und die Tomaten achteln. Die Paprikaschoten halbieren, entkernen, waschen und in Streifen schneiden.

5. Die Schnitzel salzen, pfeffern und in Mehl wenden. Die Eier mit Öl und Milch verschlagen. Die Schnitzel durch die Eier ziehen und mit den Semmelbröseln panieren. Das Schmalz erhitzen und die Schnitzel darin ausbacken.

6. Den Teig durchkneten. Portionsweise in der Größe von Pizzaformen ausrollen, diese ausfetten, den Teig hineinlegen und einen Rand hochdrücken.

7. Die Tomatensoße auf dem Teig verstreichen, die Paprikastreifen darauf verteilen, die Hälfte des Pizzakäses darüberstreuen und die Pizzen im auf 180–200 °C vorgeheizten Backofen 10–15 Minuten backen.

8. Die Tomatenachtel mit den Schnitzeln und den Oliven auf die Pizzen legen, mit dem restlichen Käse bestreuen und weitere 15–20 Minuten backen. Die Pizzen herausnehmen, dekorativ anrichten, mit Basilikumblättchen garnieren und sofort servieren.

SCHNITZELSANDWICH

Für 4 Personen:

8 Schweineschnitzel à 60–80 g
Salz, Pfeffer aus der Mühle
Mehl zum Wenden
2–3 Eier
1 TL Öl
1 EL Milch
150–200 g Semmelbrösel
Butterschmalz zum Ausbacken

Außerdem:
8 Scheiben Sandwichtoastbrot
4 EL Remouladensoße
4 EL Barbecuesoße
100 g Blattsalat
2 Tomaten
½ Bund Radieschen
1 Zwiebel
Kräuterzweige, Zwiebelringe und
Radieschen zum Garnieren

1. Die küchenfertigen Schweineschnitzel unter fließendem Wasser abwaschen, trocken tupfen, mit Salz und Pfeffer würzen und in Mehl wenden.

2. Die Eier in einen tiefen Teller geben und mit dem Öl und der Milch verschlagen.

3. Die Schnitzel durch die Eier ziehen und zum Schluss mit den Semmelbröseln panieren.

4. Reichlich Butterschmalz in einer Pfanne erhitzen und die Schnitzel darin goldgelb ausbacken.

5. Die Toastbrotscheiben toasten. Vier Scheiben Toastbrot mit Remouladensoße, die restlichen Scheiben mit Barbecuesoße bestreichen.

6. Vier Toastbrotscheiben mit dem verlesenen, gewaschenen und gut abgetropften Blattsalat, den in Scheiben geschnittenen Tomaten und Radieschen sowie der geschälten und in Scheiben geschnittenen Zwiebel belegen.

7. Anschließend die Schnitzel darauflegen, mit dem restlichen Toastbrot abdecken und diagonal einmal durchschneiden.

8. Die Sandwiches mit Zahnstochern zusammenstecken, dekorativ anrichten, mit Kräuterzweigen, Zwiebelringen und Radieschen garnieren und sofort servieren.

SCHNITZEL MIT WÜRSTCHEN

Für 4 Personen:

4 Schweineschnitzel à 160–180 g
Salz, Pfeffer aus der Mühle
2 Paar Wiener Würstchen
2 Camembert-Halbmonde
Mehl zum Wenden
2 Eier
100–150 g Semmelbrösel
Butterschmalz zum Braten
1 Kästchen Kresse
½ Bund Radieschen
Kräuterzweige zum Garnieren

1. Die küchenfertigen Schweineschnitzel waschen, trocken tupfen, klopfen, mit einem Messer einschneiden und zum Füllen vorbereiten. Die Schnitzel salzen und pfeffern, mit den halbierten Würstchen und dem in Würfel geschnittenen Camembert füllen.

2. Die Schnitzel mit Zahnstochern zusammenstecken und anschließend in Mehl wenden. Die Eier verschlagen, die Schweineschnitzel durch die Eier ziehen und mit den Semmelbröseln panieren.

3. Das Schmalz in einer Pfanne erhitzen und die Schweineschnitzel darin auf beiden Seiten ausbacken.

4. Die Schnitzel mit Würstchenfüllung dekorativ anrichten, die verlesene, gewaschene und klein geschnittene Kresse und die geputzten und halbierten Radieschen dazugeben, mit Kräuterzweigen garnieren und mit Pommes frites sofort servieren.

SCHNITZEL IM KÄSEMANTEL
(ohne Abbildung)

Für 4 Personen:

8 gut abgehangene, dünne
Rumpsteaks à 90–100 g
Salz, Pfeffer aus der Mühle
1 Tasse Mehl, 2–3 Eier
100 g Semmelbrösel
50 g geriebener Parmesankäse
Butterschmalz zum Braten

Für das Tomatengemüse:
2–3 EL Olivenöl, 2 Knoblauchzehen
1 Zwiebel, 500 g Kirschtomaten
1 Bund Basilikum
Kräuterzweige zum Garnieren

1. Die Rumpsteaks unter fließendem Wasser waschen, trocken tupfen, leicht klopfen, salzen und pfeffern.

2. Die Steaks in Mehl wenden und durch die verschlagenen Eier ziehen. Die Semmelbrösel mit dem Parmesankäse vermischen und die Steaks damit panieren.

3. Das Butterschmalz in einer Pfanne erhitzen, die Schnitzel darin bei mäßiger Hitze goldgelb braten, herausnehmen und warm stellen.

4. Für das Tomatengemüse das Olivenöl in einer Pfanne erhitzen.

Die Knoblauchzehen und die Zwiebel schälen, fein würfeln, ins Fett geben und glasig schwitzen.

5. Die Kirschtomaten waschen, den Strunk herausschneiden, die Tomaten halbieren, zu den Knoblauchzwiebeln geben und kurz dünsten.

6. Das verlesene, gewaschene und fein geschnittene Basilikum zu den Tomaten geben, mit Salz und Pfeffer würzen.

7. Die Schnitzel im Käsemantel dekorativ anrichten, das Tomatengemüse dazugeben, mit Kräuterzweigen garnieren und mit Weißbrot oder Baguette servieren.

KANINCHENSCHNITZEL MIT PAPRIKAGEMÜSE

Für 4 Personen:

Für das Gemüse:
3–4 EL Olivenöl
2 rote Zwiebeln
6 Knoblauchzehen
je 1 rote, gelbe und grüne
Paprikaschote
1 kleine Aubergine
300 g Tomaten
2–3 EL Tomatenmark
100 ml Sangrita picante
Salz, Pfeffer aus der Mühle
1 Prise Cayennepfeffer

Außerdem:
3–4 Kaninchenkeulen
1 TL Paprikapulver rosenscharf
Mehl zum Wenden, 2–3 Eier
1 TL Öl, 1 EL Milch, ½ Bund Dill
je 2 Zweige Rosmarin und Thymian
150–200 g Semmelbrösel
Butterschmalz zum Ausbacken
Rosmarinzweige zum Garnieren

1. Für das Gemüse das Olivenöl in einer Pfanne erhitzen. Zwiebeln und Knoblauch schälen, die Zwiebeln fein würfeln, die Knoblauchzehen in Scheiben schneiden, beides ins Fett geben und glasig schwitzen.

2. Die Paprikaschoten halbieren, entkernen, waschen, gut abtropfen lassen, in mundgerechte Stücke schneiden, zu den Knoblauchzwiebeln geben und kurz mitschwitzen.

3. Die Aubergine putzen, waschen, in mundgerechte Stücke schneiden, ebenfalls dazugeben und kurz mitschwitzen.

4. Die Tomaten häuten, entkernen, würfeln, mit dem Tomatenmark unter das Gemüse rühren. Den Sangrita picante angießen und das Gemüse garen. Mit Salz, Pfeffer und Cayennepfeffer würzen.

5. Die küchenfertigen Kaninchenkeulen unter fließendem Wasser waschen, trocken tupfen und das Fleisch von den Knochen lösen.

6. Das Kaninchenfleisch in Scheiben schneiden, mit Salz, Pfeffer und Paprikapulver würzen und in Mehl wenden.

7. Die Eier in einen tiefen Teller geben und mit dem Öl und der Milch verschlagen. Die Kräuter verlesen, waschen, fein hacken und mit den Semmelbröseln vermischen.

8. Die Kaninchenschnitzel durch die Eier ziehen und zum Schluss mit den Kräuter-Semmelbröseln panieren. Reichlich Butterschmalz in einer Pfanne erhitzen und die Schnitzel darin goldgelb ausbacken.

9. Die Kaninchenschnitzel mit dem Paprikagemüse dekorativ anrichten, mit den Rosmarinzweigen garnieren und mit frischem Baguette sofort servieren.

SCHNITZEL MIT CHAMPIGNONS

Für 4 Personen:

8 Kalbsschnitzelchen à 90 g
Salz, Pfeffer aus der Mühle
Butterschmalz zum Braten
1 Zwiebel, 400 g Champignons
Saft von 1 Zitrone, 100 ml
Weißwein, 200 ml Gemüse- oder
Fleischbrühe, 2 Lorbeerblätter
2 Zweige Salbei, 1 Prise Muskat
1 Prise Cayennepfeffer
200 ml süße Sahne, dunkler
Soßenbinder, 1 Bund Schnittlauch
Kräuterzweige zum Garnieren

1. Die Schnitzel waschen, trocken tupfen, leicht klopfen, salzen und pfeffern. Das Schmalz erhitzen, die Schnitzel darin braten, herausnehmen und warm stellen.

2. Zwiebel schälen, fein würfeln, ins Bratfett geben und glasig schwitzen.

3. Die Champignons putzen, klein schneiden, mit Zitronensaft beträufeln, zur Zwiebel geben und kurz mitschwitzen.

4. Mit Wein ablöschen, die Brühe angießen und das Ganze zum Kochen bringen. Die Lorbeerblätter und den Salbei in die Soße geben, mit Salz, Pfeffer, Muskat und Cayennepfeffer abschmecken und fünf Minuten einreduzieren lassen.

5. Die Lorbeerblätter und den Salbei herausnehmen. Die Sahne angießen, erhitzen, mit Soßenbinder leicht binden, nochmals nachwürzen und den verlesenen, gewaschenen und fein geschnittenen Schnittlauch einrühren.

6. Die Kalbsschnitzel mit der Soße dekorativ anrichten, mit Kräuterzweigen garnieren und mit Zucchinibandnudeln sofort servieren.

GESCHMORTE BIERSCHNITZEL
(ohne Abbildung)

Für 4 Personen:

8 Schweineschnitzel à 100 g
Salz, Pfeffer aus der Mühle
Butterschmalz zum Braten
3 Zwiebeln
1 süßsäuerlicher Apfel
300 ml dunkles Bier
200 ml Gemüse- oder Fleischbrühe
2 Lorbeerblätter
3 TL Kümmel, 3 Thymianzweige
Thymianblättchen zum Garnieren

1. Die Schweineschnitzel unter fließendem Wasser waschen, trocken tupfen, leicht klopfen und mit Salz und Pfeffer kräftig würzen.

2. Das Butterschmalz in einer Pfanne erhitzen, die Schnitzel darin auf beiden Seiten Farbe nehmen lassen, herausnehmen und bereitstellen.

3. Die Zwiebeln schälen, in Spalten schneiden, ins verbliebene Bratfett geben und glasig schwitzen. Den Apfel waschen, mit einem Kernaus-

stecher das Kerngehäuse herausste-
chen, den Apfel in Scheiben schneiden, zu den Zwiebeln geben und
kurz mitbraten.

4. Das Bier und die Gemüse- oder
Fleischbrühe angießen, die Lorbeer-
blätter, den Kümmel und die
Thymianzweige dazugeben, zum
Kochen bringen und mit Salz und
Pfeffer würzen.

5. Die Schnitzel, die Apfelscheiben
und die Zwiebeln in eine Auflaufform schichten, die Brühe angießen
und das Ganze im auf 200 °C vorgeheizten Backofen 30 Minuten
zugedeckt schmoren lassen.

6. Die Bierschnitzel mit Zwiebeln
und Apfelscheiben dekorativ anrichten, mit Thymian garnieren und mit
Kräuterspätzle sofort servieren.

KÖNIGSSCHNITZELCHEN IN KAPERN-WEINBRAND-SOSSE

Für 4 Personen:

8 Kalbsschnitzelchen à 80 g
Salz, Pfeffer aus der Mühle
1 Prise Muskat
1 Prise Cayennepfeffer
Butterschmalz zum Braten

Für die Soße:
100 g Schalotten
2 Knoblauchzehen
1 EL grüne Pfefferkörner
200 ml Weißwein
300 ml Kalbsfond
2 Zweige Rosmarin
1 Stückchen Zitronenschale
heller Soßenbinder zum Binden
125 g Crème fraîche mit Kräutern
einige Tropfen Weinbrand
100 g Riesenkapern aus dem Glas

Außerdem:
Petersilienzweige zum Garnieren

1. Die küchenfertigen Kalbsschnitzelchen unter fließendem Wasser waschen, trocken tupfen, mit Salz, Pfeffer, Muskat und Cayennepfeffer kräftig würzen.

2. Das Butterschmalz in einer Pfanne erhitzen, die Kalbsschnitzelchen darin braten, herausnehmen und warm stellen.

3. Die Schalotten und die Knoblauchzehen schälen, fein würfeln, ins verbliebene Bratfett geben und anbraten.

4. Die Pfefferkörner unterrühren, mit Weißwein ablöschen und den Kalbsfond angießen.

5. Das Ganze zum Kochen bringen, den verlesenen und klein geschnittenen Rosmarin und die Zitronenschale in die Soße geben und 10 Minuten einreduzieren lassen.

6. Die Soße mit etwas hellem Soßenbinder leicht binden und die Crème fraîche mit Kräutern einrühren.

7. Die Soße mit Salz, Pfeffer und Cayennepfeffer würzen, mit Weinbrand aromatisieren und die gut abgetropften Riesenkapern in der Soße erhitzen.

8. Die Kalbsschnitzelchen in die Soße legen, erhitzen, aber nicht mehr kochen lassen.

9. Anschließend mit der Soße dekorativ anrichten, mit Petersilienzweigen garnieren und mit bissfest gegarten Nudeln und gemischtem Salat sofort servieren.

PFEFFERSCHNITZEL MIT BRATKARTOFFELN

Für 4 Personen:

4 Schweineschnitzel à 200 g
Salz, Pfeffer aus der Mühle
2 Knoblauchzehen, 1 EL grob
geschroteter, schwarzer Pfeffer
½ TL geriebene Zitronenschale
Butterschmalz zum Braten

Für die Bratkartoffeln:
1 kg gekochte Kartoffeln vom Vortag
Muskat, Cayennepfeffer
30 g gemischte italienische Kräuter
½ Bund glatte Petersilie
Zitronenecken und Basilikum-
blättchen zum Garnieren

1. Die Schweineschnitzel unter fließendem Wasser waschen, trocken tupfen, leicht klopfen, mit Salz und Pfeffer kräftig würzen. Die Knoblauchzehen schälen, fein hacken, mit dem geschroteten Pfeffer und der geriebenen Zitronenschale vermischen und die Schnitzel damit einreiben.

2. Etwas Butterschmalz in einer Pfanne erhitzen und die Pfefferschnitzel darin braten. Während der Bratzeit die Kartoffeln pellen und in Scheiben schneiden.

3. In einer zweiten Pfanne etwas Butterschmalz erhitzen und die Kartoffeln darin braten. Mit Salz, Pfeffer, Muskat und Cayennepfeffer kräftig würzen und zum Schluss die verlesenen, gewaschenen und fein gehackten Kräuter untermischen.

4. Die Pfefferschnitzel mit den Bratkartoffeln dekorativ anrichten, mit Zitronenecken und Basilikumblättchen garnieren und mit gemischtem Salat servieren.

MANDELSCHNITZEL
(ohne Abbildung)

Für 4 Personen:

8 Schweineschnitzel à 100 g
Salz, Pfeffer aus der Mühle, 1 Tasse
Mehl, 2–3 Eier, 100 g Semmelbrösel
50 g Mandelblättchen, 3–4 EL
Schmalz, 2–3 EL Olivenöl, 2 Knob-
lauchzehen, 250 g Shiitake-Pilze
5–6 Chilischoten, Saft von 1 Zitrone
Zitronenecken und Schnittlauch
zum Garnieren

1. Die Schweineschnitzel unter fließendem Wasser waschen, trocken tupfen, leicht klopfen, mit Salz und Pfeffer würzen. Die Schnitzel in Mehl wenden und durch die verschlagenen Eier ziehen.

2. Die Semmelbrösel mit den Mandelblättchen vermischen und die Schweineschnitzel darin panieren. Das Butterschmalz in einer Pfanne erhitzen und die Schnitzel darin braten.

3. Das Olivenöl in einer zweiten Pfanne erhitzen und die geschälten, fein gehackten Knoblauchzehen darin anschwitzen.

4. Die geputzten Shiitake-Pilze dazugeben und kräftig mitbraten. Die Chilischoten waschen, zu den Pilzen geben und kurz mitschwit-

zen. Mit Zitronensaft beträufeln, mit Salz und Pfeffer würzen.

5. Die Mandelschnitzel mit den Shiitake-Pilzen dekorativ anrichten, mit Zitronenecken und Schnittlauch garnieren und mit je einer Portion Kräuterquark und Tomatenreis sofort servieren.

SCHWÄBISCHER SCHNITZELTOPF

Für 4 Personen:

8 Schweineschnitzel à 100 g
Salz, Pfeffer aus der Mühle
1 EL Paprikapulver edelsüß
Butterschmalz zum Braten

Für die Soße:
1 Zwiebel
2 Knoblauchzehen
100 ml Weißwein
200 ml Gemüse- oder Fleischbrühe,
200 ml süße Sahne
dunkler Soßenbinder

Außerdem:
600 g hausgemachte Spätzle oder
aus dem Kühlregal
Butter zum Anbraten und
Ausfetten
1 Prise Muskat
200 g geriebener Emmentaler
50 g Röstzwiebeln (Fertigprodukt)
1 Bund Petersilie

1. Die Schweineschnitzel unter fließendem Wasser waschen, trocken tupfen, leicht klopfen, mit Salz, Pfeffer und Paprikapulver kräftig würzen.

2. Das Schmalz in einer Pfanne erhitzen, die Schweineschnitzel darin auf beiden Seiten anbraten, herausnehmen und bereitstellen.

3. Die Zwiebel und die Knoblauchzehen schälen, in feine Würfel schneiden, ins verbliebene Bratfett geben und glasig schwitzen.

4. Mit dem Weißwein ablöschen, die Gemüse- oder Fleischbrühe und die Sahne angießen, zum Kochen bringen, kurz einreduzieren lassen und mit dunklem Soßenbinder binden.

5. Die fertig gegarten Spätzle in der erhitzten Butter in einer Pfanne anbraten, mit Salz, Pfeffer und Muskat kräftig würzen.

6. Eine Auflaufform ausfetten, die Spätzle schichtweise mit dem geriebenen Emmentaler und den Röstzwiebeln einfüllen und in dem auf 180 °C vorgeheizten Backofen 20 Minuten backen.

7. Die Schnitzel darauflegen, die Soße darübergießen und das Ganze weitere 10 Minuten im Backofen backen. Den schwäbischen Schnitzeltopf mit der verlesenen, gewaschenen und fein gehackten Petersilie bestreuen und sofort servieren.

HÄHNCHENSCHNITZELCHEN MIT RUCOLASALAT

Für 4 Personen:

600 g Hähnchenbrustfilet
Salz, Pfeffer aus der Mühle
Mehl zum Wenden
Butterschmalz zum Braten

Für den Salat:
1 Zwiebel, 2 Tomaten
200 g Rucola
100 ml Gemüsebrühe
50 ml weißer Balsamicoessig
Saft von 1 Zitrone
50 g grüne Oliven
1 EL geriebener Parmesankäse
einige Zweige Basilikum und
Thymian
1 Prise Zucker
1 Prise Cayennepfeffer
75 ml Olivenöl

Außerdem:
Oliven- und Zitronenscheiben zum
Garnieren

1. Das küchenfertige Hähnchenbrustfilet unter fließendem Wasser waschen, trocken tupfen, schräg in dünne Scheiben schneiden und diese leicht klopfen.

2. Die Schnitzelchen mit Salz und Pfeffer kräftig würzen und in Mehl wenden. Butterschmalz in einer Pfanne erhitzen, die Schnitzelchen darin braten, herausnehmen und warm stellen.

3. Für den Salat die Zwiebel schälen, in Scheiben schneiden, die Tomaten enthäuten, entkernen und in Streifen schneiden.

4. Den Rucola verlesen, waschen, gut abtropfen lassen, mit den Zwiebeln und den Tomaten in eine Schüssel geben und vorsichtig vermischen.

5. Für das Dressing die Gemüsebrühe mit dem Balsamicoessig und dem Zitronensaft verrühren. Die Oliven fein hacken und mit dem Parmesankäse untermischen.

6. Die Kräuter verlesen, waschen, fein schneiden, unter das Dressing ziehen und das Ganze mit Salz, Pfeffer, Zucker und Cayennepfeffer kräftig würzen.

7. Das Olivenöl einrühren und den Salat damit anmachen. Den Salat mit den Schnitzelchen dekorativ anrichten, mit Oliven- und Zitronenscheiben garnieren und sofort servieren.

SPINATSCHNITZEL

Für 4 Personen:

100 g große Blätter Blattspinat
Salzwasser zum Blanchieren
8 Schweineschnitzel à 100 g
Salz, Pfeffer aus der Mühle
Butterschmalz zum Ausbacken
8 dünne Scheiben gekochter Schinken
25 g Butter zum Beträufeln

Für die Paprikasoße:
1 rote Paprikaschote
1 Zwiebel
400 ml Gemüsebrühe
1 EL Paprikapulver edelsüß
2 EL Paprikapaste aus dem Glas

Außerdem:
Basilikumblättchen zum Garnieren

1. Den Blattspinat putzen und wa-schen. Salzwasser in einem Topf zum Kochen bringen, den Blatt-spinat darin kurz blanchieren, he-rausnehmen, gut abtropfen lassen und bereitstellen.

2. Die küchenfertigen Schweine-schnitzel unter fließendem Wasser waschen, trockentupfen, leicht klop-fen und mit Salz und Pfeffer kräftig würzen.

3. Das Butterschmalz in einer Pfan-ne erhitzen, die Schnitzel darin anbraten, herausnehmen und bereit-stellen.

4. Den Schinken auf die Schnitzel legen und diese mit dem Blattspinat gut umwickeln.

5. Die Spinatschnitzel in eine feuer-feste Form setzen, mit der flüssigen Butter beträufeln und im auf 180–200 °C vorgeheizten Backofen zugedeckt 10 Minuten garen.

6. Die Paprikaschote halbieren, ent-kernen, waschen, in Würfel schnei-den, mit der geschälten, gewürfelten Zwiebel ins verbliebene Bratfett ge-ben und glasig schwitzen.

7. Die Gemüsebrühe angießen, das Paprikapulver und die Paprikapaste dazugeben und die Soße 15 Minu-ten köcheln lassen.

8. Die Soße im Mixer oder mit dem Pürierstab pürieren und mit Salz und Pfeffer abschmecken.

9. Die Soße auf Tellern verteilen, die Spinatschnitzel dekorativ darauf anrichten, mit Basilikumblättchen garnieren und mit Reis sofort servieren.

BÖHMISCHE SCHNITZEL MIT WURZELGEMÜSE

Für 4 Personen:

8 Schweineschnitzel à 100 g
Salz, Pfeffer aus der Mühle
1 TL Paprikapulver rosenscharf
Butterschmalz zum Braten
2 Lorbeerblätter
300 g Sauerrahm
2 TL Kümmel

Für das Gemüse:
1 kleine Sellerieknolle
500 g Karotten, 3 Zwiebeln
3 EL Butter
2 Zweige Rosmarin
1 TL Zucker
250 ml Gemüse- oder Fleischbrühe
1 Prise Cayennepfeffer
1 Prise Muskat

Außerdem:
½ Bund Petersilie

1. Die Schweineschnitzel unter fließendem Wasser waschen, trocken tupfen, leicht klopfen, mit Salz, Pfeffer und Paprikapulver würzen.

2. Das Butterschmalz in einer Pfanne erhitzen, die Schnitzel auf beiden Seiten anbraten und die Lorbeerblätter dazugeben.

3. Den Sauerrahm mit dem Kümmel verrühren, mit Salz und Pfeffer würzen, gleichmäßig über die Schnitzel verteilen und diese in dem auf 200 °C vorgeheizten Backofen 15 Minuten backen.

4. Für das Gemüse den Sellerie, die Karotten und die Zwiebeln schälen, Sellerie und Karotten waschen und alles in mundgerechte Würfel schneiden.

5. Die Butter in einem Topf erhitzen und das Gemüse darin anschwitzen. Den Rosmarin und den Zucker dazugeben, die Gemüse- oder Fleischbrühe angießen und das Ganze zum Kochen bringen.

6. Das Gemüse mit Salz, Pfeffer, Cayennepfeffer und Muskat kräftig würzen und bei mäßiger Hitze bissfest garen.

7. Die böhmischen Schnitzel mit dem Wurzelgemüse dekorativ anrichten, mit der verlesenen, gewaschenen und fein gehackten Petersilie bestreuen und sofort servieren.

OLIVENSCHNITZEL MIT FETA

Für 4 Personen:

8 Kalbsschnitzelchen à 80 g
Salz, Pfeffer aus der Mühle
3 EL Mehl, 2 TL Paprikapulver
Butterschmalz zum Braten
Saft von 1 Zitrone
100 g entsteinte, grüne Oliven
1 Knoblauchzehe, 3 EL Olivenöl
30 g Basilikum
150 g Fetakäse
Salatblätter, Tomatenscheiben, ent-
steinte Oliven und Basilikum-
blättchen zum Garnieren

1. Die Schnitzelchen unter flie-
ßendem Wasser waschen, trocken
tupfen, leicht klopfen, mit Salz und
Pfeffer würzen. Das Mehl mit dem
Paprikapulver vermischen und die
Kalbsschnitzelchen darin wenden.

2. Das Schmalz in einer Pfanne
erhitzen, die Schnitzel darin auf beiden Seiten anbraten, herausnehmen,
in eine feuerfeste Form legen und
mit Zitronensaft beträufeln.

3. Die Oliven mit der geschälten
und gehackten Knoblauchzehe, dem
Olivenöl und dem verlesenen, gewaschenen und zerpflückten Basilikum
im Mixer pürieren.

4. Den Fetakäse zerbröckeln, mit
der Olivenpaste vermischen, auf den
Schnitzeln verteilen und das Ganze
in dem auf 200 °C vorgeheizten
Backofen 10 Minuten garen.

5. Die Olivenschnitzel dekorativ anrichten, mit Salatblättern, Tomatenscheiben, entsteinten Oliven und
Basilikumblättchen garnieren und
mit Fladenbrot sofort servieren.

SCHNITZEL MIT ZITRONEN
(ohne Abbildung)

Für 4 Personen:

8 Kalbsschnitzelchen à 80–100 g
Salz, Pfeffer aus der Mühle
Mehl zum Wenden
2–3 EL Butterschmalz
1 Bund Frühlingszwiebeln
125 ml Weißwein
125 ml Gemüse- oder Fleischbrühe
2–3 Zitronen, 4 Tomaten
1 Bund Zitronenmelisse
Cayennepfeffer, Zucker
Speisestärke zum Binden
Kräuterzweige zum Garnieren

1. Die küchenfertigen Kalbsschnitzelchen unter fließendem Wasser
waschen, trocken tupfen, leicht
klopfen, salzen, pfeffern und in
Mehl wenden.

2. Das Butterschmalz in einer Pfanne erhitzen. Die Schnitzel darin auf
beiden Seiten braten, herausnehmen
und warm stellen.

3. Die Frühlingszwiebeln putzen,
waschen, in feine Scheiben schneiden, ins verbliebene Bratfett geben
und unter ständigem Rühren glasig
schwitzen.

4. Den Weißwein und die Gemüse-
oder Fleischbrühe angießen und
einmal aufkochen lassen.

5. Die Zitronen großzügig schälen,
die Filets herausschneiden, mit den
enthäuteten, entkernten, in Würfel
geschnittenen Tomaten in die Soße
geben und einmal aufkochen lassen.
Die Zitronenmelisse verlesen,
waschen, klein schneiden und in die

Soße geben. Das Ganze mit Salz,
Pfeffer, Cayennepfeffer und Zucker
abschmecken und mit etwas angerührter Speisestärke leicht binden.

6. Die Kalbsschnitzelchen dekorativ
anrichten, mit der Soße überziehen,
mit Kräuterzweigen garnieren und
sofort servieren.

PUTENSCHNITZEL MIT KÜRBISKERN-KÄSE-KRUSTE

Für 4 Personen:

4 Putenschnitzel à 200 g
Salz, Pfeffer aus der Mühle
2 EL Olivenöl

Für die Kruste:
100 g weiche Butter
100 g Semmelbrösel
50 g geriebener Parmesankäse
50 g grob gehackte Kürbiskerne

Für den Salat:
1 kleiner Kopf Lollo biondo
½ Bund Radieschen
100 g Kirschtomaten
50 ml Weißweinessig
100 ml süße Sahne
50 ml Gemüsebrühe

Außerdem:
Basilikum zum Garnieren

1. Die Putenschnitzel unter fließendem Wasser waschen, trocken tupfen, mit Salz und Pfeffer würzen. Das Olivenöl in einer Pfanne erhitzen und die Schnitzel darin anbraten.

2. Für die Kruste die weiche Butter mit den Semmelbröseln, dem Parmesankäse und den Kürbiskernen vermischen.

3. Die Masse gleichmäßig auf den Schnitzeln verteilen und diese unter dem Grill oder im vorgeheizten Backofen bei Oberhitze so heiß wie möglich überbacken.

4. Für den Salat den Lollo biondo verlesen, waschen, zerpflücken und in eine Schüssel geben. Die Radieschen putzen, waschen, in Scheiben schneiden und zum Salat geben.

5. Die Kirschtomaten waschen, den Strunk entfernen, die Tomaten halbieren und mit den übrigen Salatzutaten vermischen.

6. Für das Dressing den Weißweinessig mit der Sahne und der Gemüsebrühe verrühren. Mit Salz und Pfeffer kräftig abschmecken und den Salat damit anmachen.

7. Die Putenschnitzel aus dem Ofen nehmen, auf Tellern dekorativ anrichten, mit Basilikum garnieren und mit dem Salat sofort servieren.

KRUMBACHER PAPRIKA-SAHNE-SCHNITZEL

Für 4 Personen:

8 Schweineschnitzel à 80 g
Salz, Pfeffer aus der Mühle
1 Prise Cayennepfeffer
1 TL Paprikapulver edelsüß
Butterschmalz zum Braten

Für die Soße:
2 Schalotten
100 ml Weißwein
300 ml gebundene Bratensoße
100 g Crème fraîche
1 EL Paprikapulver edelsüß
1 EL Karamellsirup
einige Tropfen Weinbrand

Außerdem:
Kräuterzweige zum Garnieren

1. Die Schweineschnitzel unter fließendem Wasser waschen, trocken tupfen, mit Salz, Pfeffer, Cayennepfeffer und Paprikapulver kräftig würzen.

2. Das Butterschmalz in einer Pfanne erhitzen, die Schweineschnitzel darin braten, herausnehmen und warm stellen.

3. Die Schalotten schälen, fein würfeln, ins verbliebene Bratfett geben und glasig schwitzen. Mit Weißwein ablöschen und die gebundene Bratensoße angießen.

4. Die Soße zum Kochen bringen und fünf Minuten köcheln lassen. Die Crème fraîche einrühren, erhitzen und die Soße mit Paprikapulver, Karamellsirup, Salz und Pfeffer abschmecken. Die Soße mit Weinbrand aromatisieren.

5. Die Paprikaschnitzel mit der Soße dekorativ anrichten, mit Kräuterzweigen garnieren und mit je einer Portion Buttergemüse und bissfest gegartem Reis sofort servieren.

Gefüllte Lauchschnitzel mit Tomatensosse

Für 4 Personen:

4 Schweineschnitzel à 180 g
Salz, Pfeffer aus der Mühle
1 kleine Stange Lauch
1 TL Butter
125 g geriebener Emmentaler
3 EL Semmelbrösel
je 1 Prise Cayennepfeffer und
Muskat
1 EL Butterschmalz zum Braten

Für die Soße:
1 Zwiebel
2 Knoblauchzehen
150 g Tomatenmark
300 ml Gemüse- oder Fleischbrühe
1 Prise Zucker

Außerdem:
Kräuterzweige zum Garnieren

1. Die Schweineschnitzel unter fließendem Wasser waschen, trocken
tupfen und dünn klopfen. Mit Salz
und Pfeffer kräftig würzen.

2. Den Lauch putzen, waschen und
in Scheiben schneiden. Die Butter
in einer Pfanne erhitzen, den Lauch
darin dünsten, vom Herd nehmen
und erkalten lassen.

3. Den Lauch mit dem geriebenen
Emmentaler und den Semmelbrö-
seln vermischen. Mit Salz, Pfeffer,
Cayennepfeffer und Muskat würzen.

4. Die Masse gleichmäßig auf die
Schnitzel streichen, diese zusammenklappen und mit Zahnstochern
feststecken.

5. Das Butterschmalz in einer Pfanne erhitzen, die Lauchschnitzel
darin braten, herausnehmen und
warm stellen.

6. Die Zwiebel und die Knoblauchzehen schälen, fein würfeln und im
verbliebenen Bratfett glasig
schwitzen.

7. Das Tomatenmark einrühren, die
Brühe angießen, zum Kochen brin-
gen, kurz einreduzieren lassen, mit
Salz, Pfeffer, Cayennepfeffer und
Zucker würzen.

8. Die Lauchschnitzel mit der Soße
dekorativ anrichten, mit Kräuterzweigen garnieren, mit Butterreis
und Kopfsalat mit Zitronendressing
sofort servieren.

ZWIEBELSCHNITZEL

Für 4 Personen:

8 Schweineschnitzel à 100 g
Salz, Pfeffer aus der Mühle
Butterschmalz zum Braten
4 Zwiebeln
Mehl zum Bestäuben
1 EL Paprikapulver edelsüß
½ TL gerebelter Rosmarin
½ TL gerebelter Thymian
100 ml Gemüse- oder Fleischbrühe
200 ml süße Sahne
150 g geriebener, würziger Käse

Außerdem:
Salatblätter, Tomatenscheiben und
Kräuterzweige zum Garnieren
1 Bund Schnittlauch

1. Die küchenfertigen Schweine-schnitzel unter fließendem Wasser waschen, trocken tupfen, mit Salz und Pfeffer kräftig würzen.

2. Das Butterschmalz in einer Pfan-ne erhitzen, die Schweineschnitzel darin braten, herausnehmen und warm stellen.

3. Die Zwiebeln schälen, in Streifen schneiden, ins verbliebene Bratfett geben und anbraten.

4. Die Zwiebeln mit Mehl und Paprikapulver bestäuben und unter ständigem Rühren kurz rösten.

5. Den Rosmarin und den Thymian darüberstreuen und mit der Ge-müse- oder Fleischbrühe ablöschen. Die Sahne angießen, das Ganze zum Kochen bringen und kräftig einreduzieren lassen.

6. Die Schnitzel auf eine feuerfeste Platte setzen, mit den Zwiebeln überziehen, mit dem geriebenen Käse bestreuen und unter dem Grill oder im auf 200 °C vorgeheizten Backofen 10 Minuten überbacken.

7. Die Zwiebelschnitzel dekorativ anrichten, mit Salatblättern, Toma-tenscheiben und Kräuterzweigen garnieren, mit dem verlesenen, gewaschenen und fein geschnittenen Schnittlauch bestreuen und mit je einer Portion Reis sofort servieren.

LIMETTENSCHNITZEL

Für 4 Personen:

8 Schweineschnitzel à 80 g
Salz, Pfeffer aus der Mühle
1 TL Paprikapulver
Butterschmalz zum Braten
1 Zwiebel, Saft von 2 Limetten
100 ml Weißwein, 400 ml klare
Bratensoße, 2 Limetten, 1 EL grüne
Pfefferkörner, 2 EL Honig
Kräuterzweige zum Garnieren

1. Die Schweineschnitzel unter fließendem Wasser waschen, trocken tupfen, mit Salz, Pfeffer und Paprikapulver kräftig würzen.

2. Das Butterschmalz in einer Pfanne erhitzen, die Schweineschnitzel darin braten, herausnehmen und warm stellen.

3. Die Zwiebel schälen, fein würfeln, ins verbliebene Bratfett geben und glasig schwitzen.

4. Mit dem Limettensaft und dem Weißwein ablöschen, die Bratensoße angießen, zum Kochen bringen und kurz einreduzieren lassen.

5. Die Limetten großzügig schälen, die Filets herausschneiden und die Limettenfilets mit den grünen Pfefferkörnern und dem Honig in die Soße geben.

6. Die Soße nochmals aufkochen lassen, mit Salz, Pfeffer und Paprikapulver nachwürzen. Die Schnitzel mit der Soße dekorativ anrichten, mit Kräuterzweigen garnieren, mit geschmolzenen Tomaten und einer Wildreismischung sofort servieren.

SCHNITZEL MIT AUSTERNPILZEN
(ohne Abbildung)

Für 4 Personen:

8 kleine Putenschnitzel à 80-100 g
Salz, Pfeffer aus der Mühle
2-3 EL Speisestärke, 3-4 EL Sojasoße
2-3 EL Butterschmalz, 1 Zwiebel
2 Knoblauchzehen
300 g Austernpilze
50 ml Weißwein
100 ml Gemüse- oder Geflügelbrühe
1 Prise Cayennepfeffer
1 Prise Paprikapulver edelsüß
4 Portionen Kräuterjoghurt
Kräuterzweige zum Garnieren

1. Die Putenschnitzel unter fließendem Wasser waschen, trocken tupfen und leicht klopfen. Mit Salz und Pfeffer würzen.

2. Die Schnitzel mit der Speisestärke bestäuben, mit Sojasoße beträufeln und im Kühlschrank 10–15 Minuten ziehen lassen.

3. Etwas Butterschmalz in einer Pfanne erhitzen. Die Zwiebel und die Knoblauchzehen schälen und fein würfeln. Die Zwiebel- und Knoblauchwürfel ins Fett geben und glasig schwitzen.

4. Die geputzten, klein geschnittenen Austernpilze zu den Knoblauchzwiebeln geben und kurz mitbraten.

5. Den Weißwein und die Gemüse- oder Geflügelbrühe angießen und die Pilze garen. Mit Salz, Pfeffer, Cayennepfeffer und Paprikapulver abschmecken.

6. Das restliche Butterschmalz in einer Pfanne erhitzen, die Putenschnitzel darin braten, herausnehmen und mit den Austernpilzen dekorativ anrichten.

7. Mit etwas Kräuterjoghurt überziehen, mit Kräuterzweigen garnieren und sofort servieren.

Saltimbocca alla Romana

Für 4 Personen:

8 Kalbsschnitzel à 60–80 g
Salz, Pfeffer aus der Mühle
8 dünne Scheiben Parmaschinken
8 große Salbeiblätter
200 g Spaghetti, Salzwasser
einige Tropfen Olivenöl
4 EL Olivenöl
4 EL Basilikumpesto
Kirschtomatenhälften, gebratene
Zucchinischeiben und Salbeiblättchen
zum Garnieren

1. Die Schnitzel unter fließendem Wasser waschen, trocken tupfen, leicht klopfen, mit Salz und Pfeffer kräftig würzen.

2. Jedes Schnitzel mit einer Schinkenscheibe und einem Salbeiblatt belegen und beides mit Zahnstochern feststecken.

3. Die Spaghetti im Salzwasser mit dem Olivenöl bissfest garen, abgießen, abschrecken, gut abtropfen lassen und bereitstellen.

4. Etwas Olivenöl in einer Pfanne erhitzen, die Kalbsschnitzelchen darin braten, herausnehmen und warm stellen.

5. Das restliche Olivenöl ins verbliebene Bratfett geben, die Spaghetti dazugeben, durchschwenken und erhitzen.

6. Das Basilikumpesto untermischen, die Spaghetti mit Salz und Pfeffer abschmecken.

7. Die Saltimbocca mit den Basilikumspaghetti dekorativ anrichten, mit Kirschtomatenhälften, gebratenen Zucchinischeiben und Salbeiblättchen garnieren und sofort servieren.

Bratwurst-Schnitzelspiess
(ohne Abbildung)

Für 4 Personen:

4 dünne Schweineschnitzel à 180 g
Salz, Pfeffer aus der Mühle
200 g Frischkäse, 100 g geriebener
Parmesankäse, Semmelbrösel zum
Binden, einige Tropfen Zitronensaft
einige Tropfen Worcestersoße
8 gekochte Schweinsbratwürstchen
je 1 rote und grüne Paprikaschote
2 vorgekochte Maiskolben
Olivenöl zum Bestreichen

1. Die Schweineschnitzel unter fließendem Wasser waschen, trocken tupfen und dünn klopfen. Mit Salz und Pfeffer würzen.

2. Den Frischkäse mit dem geriebenen Parmesankäse in eine Schüssel geben und glatt rühren. Mit Semmelbröseln leicht binden, mit Zitronensaft, Worcestersoße, Salz und Pfeffer würzen.

3. Die Schweineschnitzel einmal der Länge nach durchschneiden, auf

eine Arbeitsplatte legen und mit der Käsemasse bestreichen. Je ein Bratwürstchen darauflegen und zusammenrollen. Die Rouladen erneut halbieren.

4. Die Paprikaschoten halbieren, entkernen, waschen, gut abtropfen lassen und in mundgerechte Stücke schneiden. Die Maiskolben in 1–2 cm dicke Scheiben schneiden.

5. Das Gemüse und die Rouladenstücke abwechselnd auf Spieße stecken. Die Spieße mit Olivenöl bestreichen und auf dem Grill garen.

6. Nach Ende der Garzeit die Bratwurst-Schnitzelspieße vom Grill nehmen, dekorativ anrichten, mit Kräuterzweigen garnieren und sofort servieren.

GEMÜSESCHNITZEL VOM BLECH

Für 4 Personen:

600 g Putenbrust
Salz, Pfeffer aus der Mühle
3–4 EL Olivenöl
1 TL Kräuter der Provence
1 Msp. Korianderpulver
1 Msp. Kreuzkümmelpulver

Außerdem:
500 g Zucchini
500 g Tomaten
Fett zum Ausfetten und Braten
300 g Mozzarella
Kräuterzweige und
Kirschtomatenhälften zum
Garnieren

1. Die küchenfertige Putenbrust unter fließendem Wasser waschen, trocken tupfen und in 1 cm dünne Scheiben schneiden. Mit Salz und Pfeffer kräftig würzen.

2. Das Olivenöl mit den Kräutern der Provence, dem Koriander und dem Kreuzkümmel verrühren.

3. Die Schnitzel damit bestreichen und mindestens zwei Stunden im Kühlschrank ziehen lassen.

4. Die Zucchini putzen, waschen und der Länge nach in 1 cm dicke Scheiben schneiden.

5. Die Tomaten waschen, den Strunk herausschneiden und die Tomaten in Scheiben schneiden.

6. Ein tiefes Backblech ausfetten und die Zucchinischeiben hineinlegen.

7. Etwas Fett in einer Pfanne erhitzen, die Schnitzel darin auf beiden Seiten kurz anbraten und auf die Zucchinischeiben legen.

8. Zum Schluss die Tomatenscheiben darauf verteilen. Mit Salz und Pfeffer kräftig würzen und mit dem in Scheiben geschnittenen Mozzarella belegen. Das Ganze im auf 180–200 °C vorgeheizten Backofen 15–20 Minuten garen.

9. Die Gemüseschnitzel aus dem Ofen nehmen, dekorativ anrichten, mit Kräuterzweigen und Kirschtomatenhälften garnieren und mit einer Tomaten-Basilikumsoße sofort servieren.

PICCATA ALLA MILANESE

Für 4 Personen:

8 Kalbsschnitzel à 80–100 g
Salz, Pfeffer aus der Mühle
Mehl zum Wenden, 2–3 Eier
2 Tassen geriebener Parmesankäse
2–3 EL Olivenöl, 2–3 EL Butter

Außerdem:
2–3 Schalotten
2–3 Tomaten
500 ml gebundene Bratensoße
Zitronenecken, Zitronenscheiben,
Salatblätter und Tomatenecken zum
Garnieren

1. Die Kalbsschnitzel unter fließendem Wasser waschen, trocken
tupfen und leicht klopfen. Das
Fleisch mit Salz und Pfeffer würzen
und in Mehl wenden.

2. Die Eier in einen Suppenteller
geben und mit einer Gabel verschlagen. Den Parmesankäse ebenfalls in
einen Suppenteller geben.

3. Die Kalbsschnitzel zuerst durch
die Eier ziehen und dann mit dem
Parmesankäse panieren.

4. Das Olivenöl und die Butter in
einer Pfanne erhitzen. Die Kalbsschnitzel in das Bratfett geben und
auf beiden Seiten vorsichtig goldgelb ausbacken.

5. Die Kalbsschnitzel auf heißen
Tellern dekorativ anrichten, mit
Zitronenecken, Zitronenscheiben,
Salatblättern und Tomatenecken
garnieren und mit Knoblauch-
Pizza-Brot und einem gemischten
Salat sofort servieren.

CHILISCHNITZEL MIT ZUCCHINI
(ohne Abbildung)

Für 4 Personen:

4 Putenschnitzel à 180–200 g
Salz, Pfeffer aus der Mühle
Mehl zum Wenden, 2–3 Eier
100 g Hot-Chili-Cracker
2–3 EL Butterschmalz
1 kleine rote Chilischote
1 Zwiebel, 2 Knoblauchzehen
500 g Zucchini
4 Tomaten
Feldsalat, Kräuterzweige und
Kirschtomaten zum Garnieren

1. Die küchenfertigen Putenschnitzel
unter fließendem Wasser waschen,
trocken tupfen und leicht klopfen.
Mit Salz und Pfeffer würzen.

2. Die Schnitzel in Mehl wenden.
Die Eier verschlagen und die Hot-
Chili-Cracker fein zerreiben. Die
Schnitzel durch die Eier ziehen und
mit den Crackern panieren.

3. Das Butterschmalz in einer Pfanne erhitzen, die Chilischnitzel darin
braten, herausnehmen und warm
stellen.

4. Die Chilischote halbieren, entkernen, fein würfeln. Die Zwiebel
und die Knoblauchzehen schälen,
fein hacken, ins verbliebene Bratfett
geben und glasig schwitzen.

5. Die Zucchini putzen, waschen
und in Würfel schneiden. Zu den
Knoblauchzwiebeln geben und kurz
mitbraten. Die Tomaten enthäuten,

entkernen, in feine Würfel schneiden, zu den Zucchini geben und
das Gemüse 4–5 Minuten dünsten.

6. Das Zucchinigemüse mit Salz
und Pfeffer würzen, dekorativ auf
Tellern anrichten, die Chilischnitzel
darauflegen, mit Feldsalat, Kräuterzweigen und Kirschtomatenhälften
garnieren und sofort servieren.

MARSALASCHNITZELCHEN

Für 4 Personen:

8 Kalbsschnitzelchen à 80–100 g
Salz, Pfeffer aus der Mühle
Mehl zum Wenden
Butterschmalz zum Braten
1–2 EL Butter, Saft von 1 Orange
Saft von 2 Limetten
250 ml Marsala
Limettenscheiben und Kräuter-
zweige zum Garnieren

1. Die Kalbsschnitzelchen waschen, trocken tupfen, mit Salz und Pfeffer kräftig würzen und in Mehl wenden. Das Butterschmalz in einer Pfanne erhitzen, die Schnitzelchen darin braten, herausnehmen und warm stellen.

2. Die Butter ins verbliebene Bratfett geben, den Orangensaft, den Limettensaft und den Marsala angießen und einmal aufkochen lassen.

3. Die Schnitzelchen dekorativ anrichten, mit der Marsalasoße überziehen, mit Limettenscheiben und Kräuterzweigen garnieren und mit einem Tomatenrisotto servieren.

SCHNITZEL MIT KRÄUTERN
(ohne Abbildung)

Für 4 Personen:

4 Putenschnitzel à 180–200 g
Salz, Pfeffer aus der Mühle

Für die Füllung:
50 g gemischte, frische Kräuter
(Estragon, Petersilie, Basilikum)
75 g Edelpilzkäse
75 g Doppelrahmfrischkäse
Semmelbrösel zum Binden
einige Tropfen Zitronensaft
einige Tropfen Worcestersoße

Außerdem:
Mehl zum Wenden, 2–3 Eier
150–200 g Semmelbrösel
Butterschmalz zum Braten
Limettenecken und Kirschtomaten
zum Garnieren
Kresse zum Bestreuen

1. Die Putenschnitzel waschen, trocken tupfen und zum Füllen vorbereiten. Mit Salz und Pfeffer kräftig würzen.

2. Die verlesenen, gewaschenen und fein gehackten Kräuter mit dem Edelpilzkäse und dem Frischkäse in einer Schüssel verrühren.

3. Das Ganze mit Semmelbröseln leicht binden. Mit Salz, Pfeffer, Zitronensaft und Worcestersoße würzen und in die Putenschnitzel füllen.

4. Die Putenschnitzel zuerst in Mehl wenden, anschließend durch die verschlagenen Eier ziehen und mit den Semmelbröseln panieren.

5. Butterschmalz in einer Pfanne erhitzen. Die Schnitzel darin auf

beiden Seiten goldgelb ausbacken, herausnehmen und auf heißen Tellern dekorativ anrichten.

6. Die Putenschnitzel mit Limetten-ecken und Kirschtomaten garnieren, mit Kresse bestreuen und mit Pommes frites und Salat sofort servieren.

GESPICKTE PUTENSCHNITZEL

Für 4 Personen:

4 Putenschnitzel à 180 g
50 g Speck
Salz, Pfeffer aus der Mühle
2–3 EL Butterschmalz
1 Zwiebel
250 g frische Champignons
Saft von 1 Zitrone
125 ml Weißwein
125 ml Gemüse- oder Geflügelbrühe
250 g Crème fraîche
Speisestärke zum Binden
1 Prise Muskat
1 Prise Cayennepfeffer
1 EL Paprikapulver edelsüß

Außerdem:
Blattpetersilie und Tomatenscheiben
zum Garnieren
1 Bund Schnittlauch

1. Die küchenfertigen Putenschnitzel unter fließendem Wasser waschen und trocken tupfen. Den Speck in feine Streifen schneiden und die Schnitzel damit spicken. Mit Salz und Pfeffer würzen.

2. Das Butterschmalz in einer Pfanne erhitzen, die Putenschnitzel darin braten, herausnehmen und warm stellen.

3. Die Zwiebel schälen, in feine Würfel schneiden, ins verbliebene Bratfett geben und glasig schwitzen.

4. Die Champignons putzen, in Scheiben schneiden, zu der Zwiebel geben und kurz mitbraten.

5. Mit Zitronensaft beträufeln, den Weißwein und die Gemüse- oder Geflügelbrühe angießen und bei mäßiger Hitze 4–5 Minuten köcheln lassen.

6. Die Crème fraîche einrühren und einmal kräftig aufkochen lassen. Die Champignons mit etwas angerührter Speisestärke leicht binden, mit Salz, Pfeffer, Muskat, Cayennepfeffer und Paprikapulver würzen.

7. Die Champignons mit der Soße auf Tellern dekorativ anrichten, die gespickten Putenschnitzel darauflegen, mit Blattpetersilie und Tomatenscheiben garnieren, mit frisch geschnittenem Schnittlauch bestreuen und sofort servieren.

SCHNITZEL MIT ROQUEFORT-KRÄUTER-RAHM

Für 4 Personen:

4 Putenschnitzel à 180–200 g
Salz, Pfeffer aus der Mühle
2 EL Butterschmalz

Für die Soße:
1 Zwiebel
1 EL Butter
50 ml Weißwein
200 ml Gemüse- oder Fleischbrühe
125 ml süße Sahne
125 g Crème fraîche mit Kräutern
½ Bund Schnittlauch
½ Bund Petersilie
½ Bund Basilikum
150 g Roquefort

1. Die küchenfertigen Putenschnitzel unter fließendem Wasser waschen, trocken tupfen, mit Salz und Pfeffer würzen.

2. Das Butterschmalz in einer Pfanne erhitzen, die Putenschnitzel darin braten, herausnehmen und warm stellen.

3. Für die Soße die Zwiebel schälen, fein würfeln, mit der Butter ins verbliebene Bratfett geben und die Zwiebel glasig schwitzen.

4. Den Weißwein, die Brühe, die Sahne und die Crème fraîche einrühren und einmal kräftig aufkochen lassen.

5. Die Kräuter verlesen, waschen, fein schneiden, mit dem klein geschnittenen Roquefort in die Soße geben und den Käse schmelzen lassen.

6. Die Putenschnitzel auf vorgewärmten Tellern dekorativ anrichten und mit der Roquefort-Kräuter-Soße überziehen. Mit einer Wildreismischung und Brokkoli-Möhren-Gemüse sofort servieren.

112

SCHNITZEL MIT KÄSEFÜLLUNG

Für 4 Personen:

4 dicke Putenschnitzel à 180 g
Salz, Pfeffer aus der Mühle
100 g Butterkäse
2 Tomaten
½ Bund Basilikum
2–3 EL Semmelbrösel
Öl zum Bestreichen
Basilikum zum Garnieren

1. Die Putenschnitzel unter fließendem Wasser waschen, trocken tupfen und von der Längsseite her eine Tasche einschneiden. Innen und außen mit Salz und Pfeffer würzen. Den Butterkäse in feine Würfel schneiden.

2. Die Tomaten waschen, den Strunk herausschneiden, die Tomaten würfeln und mit dem Käse vermischen.

3. Das Basilikum verlesen, waschen, klein schneiden, mit den Semmelbröseln zum Käse geben und gut vermischen. Mit Salz und Pfeffer würzen.

4. Die Käsemischung in die Putenschnitzel füllen, die Öffnungen mit Zahnstochern zusammenstecken und die Schnitzel mit Öl bestreichen.

5. Die Putenschnitzel mit Tomaten-Käsefüllung auf dem Grill oder in der Grillpfanne braten, herausnehmen, dekorativ anrichten, mit Basilikum garnieren und sofort servieren.

ZITRONEN-GEMÜSE-SCHNITZEL
(ohne Abbildung)

Für 4 Personen:

4 große oder 8 kleine Kalbsschnitzel
Salz, Pfeffer aus der Mühle
Butterschmalz zum Braten
Saft von 1 Zitrone
2 Zwiebeln, 2 Knoblauchzehen
2-3 EL Butter, 1 Zitrone
500 g Auberginen
250 g Kirschtomaten
je 2-3 Zweige Thymian, Rosmarin
und Majoran, 100 ml Weißwein
Saft von 1 Zitrone, 200 ml süße
Sahne, Speisestärke zum Binden
Kräuterzweige und Zitronenscheiben
zum Garnieren

1. Die Kalbsschnitzel unter fließendem Wasser waschen, trocken tupfen, mit Salz und Pfeffer würzen und in Mehl wenden.

2. Das Butterschmalz in einer Pfanne erhitzen und die Schnitzel darin braten, herausnehmen, mit Zitronensaft beträufeln und warm stellen.

3. Zwiebeln und Knoblauch schälen und fein würfeln. Die Butter ins verbliebene Bratfett geben. Knoblauch und Zwiebeln dazugeben und kurz dünsten.

4. Die Zitrone unter fließendem Wasser waschen und in kleine Stück-

chen schneiden. Zu den Knoblauchzwiebeln geben und kurz dünsten.

5. Die Auberginen putzen,
waschen, in mundgerechte Stücke
schneiden, zum Zitronengemüse
geben und 4–5 Minuten braten.

6. Die Kirschtomaten waschen, den
Strunk herausschneiden, die Tomaten mit den verlesenen, gewaschenen und klein geschnittenen Kräutern zum Gemüse geben und kurz
dünsten.

7. Den Weißwein, den Zitronensaft
und die Sahne angießen. Einmal
aufkochen lassen und mit etwas
angerührter Speisestärke leicht binden. Mit Salz und Pfeffer abrunden.

8. Die Zitronenschnitzel auf das
Gemüse setzen, erwärmen, aber
nicht kochen lassen, dekorativ anrichten, mit Kräuterzweigen und
Zitronenscheiben garnieren und mit
frisch geröstetem Weißbrot sofort
servieren.

GRATINIERTE KALBSSCHNITZEL

Für 4 Personen:

8 Kalbsschnitzel à 80–100 g
Salz, Pfeffer aus der Mühle
2–3 EL Butterschmalz
1 Zwiebel, 2 Knoblauchzehen
4 Tomaten, 75 g entsteinte, schwarze
Oliven, 1 Bund Salbei
100 g geriebener Parmesankäse
grüner Pfeffer, Tomatenecken und
Kräuterzweige zum Garnieren

1. Die küchenfertigen Schnitzel unter fließendem Wasser waschen, trocken tupfen, leicht klopfen, mit Salz und Pfeffer würzen. Das Schmalz erhitzen, die Schnitzel darin auf beiden Seiten kurz anbraten und auf ein Backblech legen.

2. Zwiebel und Knoblauch schälen, fein würfeln, ins verbliebene Bratfett geben und glasig schwitzen. Die Tomaten häuten, entkernen, würfeln, zu den Knoblauchzwiebeln geben und mitschwitzen.

3. Die Oliven in Streifen schneiden, den Salbei verlesen, waschen und fein schneiden. Beides zu den Tomaten geben und durchschwenken.

4. Die Soße mit Salz und Pfeffer abschmecken und über die Schnitzel verteilen. Mit Parmesan bestreuen und im auf 200–220 °C vorgeheizten Backofen 6–8 Minuten gratinieren. Die Kalbsschnitzel anrichten, mit grünem Pfeffer, Tomatenecken und Kräuterzweigen garnieren und mit Röstbrot sofort servieren.

ZITRONENSCHNITZELCHEN
(ohne Abbildung)

Für 4 Personen:

8 Kalbsschnitzel à 60–80 g
Salz, Pfeffer aus der Mühle
Saft von 1 Zitrone
2 Eier
2 EL mittelscharfer Senf
2–3 EL süße Sahne
1 ½ EL Mehl
2–3 EL Butterschmalz
2 Zitronen
100 ml Weißwein
300 ml Gemüse- oder Fleischbrühe
1 EL Honig
1 Prise Cayennepfeffer
1 Bund Blattpetersilie

1. Die Schnitzel waschen, trocken tupfen, leicht klopfen, mit Salz und Pfeffer würzen und mit Zitronensaft beträufeln.

2. Die Eier in eine Schüssel geben. Den Senf, die Sahne und das Mehl dazugeben und das Ganze zu einem glatten Teig verrühren.

3. Das Butterschmalz in einer Pfanne erhitzen. Die Schnitzel durch den Teig ziehen, im Fett auf beiden Seiten braten, herausnehmen und warm stellen.

4. Die Zitronen großzügig schälen und in Scheiben schneiden. Ins ver-

bliebene Bratfett geben und kurz
dünsten.

5. Den Weißwein und die Gemüse-
oder Fleischbrühe angießen und
kurz einreduzieren lassen.

6. Die Zitronensoße mit Honig,
Salz, Pfeffer und Cayennepfeffer

kräftig abschmecken und zum
Schluss die verlesene, gewaschene
und fein gehackte Petersilie einrühren.

7. Die Zitronenschnitzelchen dekorativ anrichten, mit der Zitronensoße übergießen, mit Petersilie garnieren und sofort servieren.

117

PARMASCHNITZEL MIT KRÄUTERCREME

Für 4 Personen:

8 Kalbsschnitzel à 80–100 g
Salz, Pfeffer aus der Mühle
Mehl zum Wenden, 3 Eier
3–4 EL geriebener Parmesankäse
2–3 EL Butterschmalz
200 g Ricotta, 50 ml süße Sahne
Saft von ½ Zitrone
50 g gemischte, gehackte Kräuter
Cayennepfeffer, Zucker
Blattpetersilie, Kirschtomaten und
Limettenecken zum Garnieren

1. Die Schnitzel waschen, trocken tupfen und leicht klopfen. Mit Salz und Pfeffer würzen und in Mehl wenden. Die Eier in eine Schüssel geben und kräftig verschlagen.

2. Den Parmesan unterziehen und nochmals gut durchschlagen. Das Schmalz in einer Pfanne erhitzen. Die Schnitzel durch die Käse-Ei-Mischung ziehen und ins Fett geben. Bei mäßiger Hitze goldgelb ausbacken, herausnehmen und warm stellen.

3. Den Ricotta mit der Sahne und dem Zitronensaft in eine Schüssel geben und glatt rühren. Die Kräuter untermischen. Die Creme mit Salz, Pfeffer, Cayennepfeffer und Zucker abschmecken.

4. Die Parmaschnitzelchen mit der Kräutercreme dekorativ anrichten, mit Blattpetersilie, Kirschtomatenhälften und Limettenecken garnieren und sofort servieren.

SCHNITZEL MIT SENFSOSSE
(ohne Abbildung)

Für 4 Personen:

4 Schweineschnitzel à 160–180 g
Salz, Pfeffer aus der Mühle
2 EL fein geschrotete Senfkörner
1–2 EL Butterschmalz, 2 EL Butter
2 Schalotten, 75 ml Weißwein
125 ml Gemüse- oder Fleischbrühe
100 ml süße Sahne, 200 g Crème
fraîche, 1–2 EL körniger Dijon-Senf
1 Röhrchen Kapern, einige Tropfen
Zitronensaft, einige Tropfen
Worcestersoße, 1 Prise Zucker
Kräuterzweige zum Garnieren

1. Die Schweineschnitzel waschen, trocken tupfen, mit Salz und Pfeffer kräftig würzen und mit den geschroteten Senfkörnern einreiben.

2. Das Butterschmalz erhitzen, die Schnitzel darin braten, herausnehmen und warm stellen.

3. Die Butter ins verbliebene Bratfett geben. Die Schalotten schälen, fein würfeln, ins Fett geben und glasig schwitzen.

4. Den Weißwein, die Gemüse- oder Fleischbrühe, die Sahne und

die Crème fraîche angießen und die Soße kurz einreduzieren lassen.

5. Den Dijon-Senf mit den gut abgetropften Kapern in die Soße geben und einmal aufkochen lassen. Die Soße mit Salz, Pfeffer, Zitronensaft, Worcestersoße und Zucker kräftig abschmecken.

6. Die Schweineschnitzel dekorativ anrichten, mit der Kapern-Senfsoße überziehen, mit Kräuterzweigen garnieren und mit Buttermöhrchen und Kartoffelplätzchen sofort servieren.

PUTEN-SALTIMBOCCA MIT SCHALOTTENSOSSE

Für 4 Personen:

800 g kleine Putenschnitzel
Salz, Pfeffer aus der Mühle
einige Salbeiblätter
150 g roher Schinken (in dünne
Scheiben geschnitten)
2–3 EL Olivenöl

Für die Soße:
2–3 Schalotten
1 Knoblauchzehe
1–2 EL Olivenöl
100 g Tomatenmark
200 ml Gemüsebrühe
200 ml süße Sahne
1 Prise Zucker
Speisestärke zum Binden

Außerdem:
gebratene Kirschtomaten und
Salbeiblätter zum Garnieren

1. Die Putenschnitzel unter fließendem Wasser waschen, trocken tupfen, mit Salz und Pfeffer würzen
und auf eine Arbeitsfläche legen.
Jedes Schnitzel mit 1–2 Salbeiblättern und Schinkenscheiben belegen.

2. Das Olivenöl in einer Pfanne
erhitzen und die Schnitzel zuerst
auf der Schinkenseite anbraten. Das
Fleisch wenden und fertig braten.

3. Für die Soße die Schalotten und
die Knoblauchzehe schälen und fein
würfeln.

4. Das Olivenöl in einer Pfanne
erhitzen, Zwiebeln und Knoblauch
darin anschwitzen. Das Tomatenmark einrühren und anrösten.

5. Die Gemüsebrühe und die Sahne
angießen und die Soße leicht
köcheln lassen.

6. Mit Salz, Zucker und Pfeffer
kräftig abschmecken. Die Soße mit
etwas angerührter Speisestärke leicht
binden.

7. Die Puten-Saltimbocca mit der
Soße auf vorgewärmten Tellern
dekorativ anrichten, mit gebratenen
Kirschtomaten und Salbeiblättern
garnieren und mit Bandnudeln
sofort servieren.

121

PILZSCHNITZEL

Für 4 Personen:

4 Kalbsschnitzel à 150 g
Salz, Pfeffer aus der Mühle
1 EL Majoran, 1 EL geriebene
Zitronenschale, 1 TL Olivenöl
400 g Mischpilze, Saft von 1 Zitrone
1 Zwiebel, 500 ml Tomatensoße
je ½ Bund Schnittlauch und
Petersilie, 1 Zweig Salbei
gebratene Zitronenscheiben zum
Garnieren

1. Die Kalbsschnitzel unter fließendem Wasser waschen, trocken tupfen, mit Salz, Pfeffer, Majoran und Zitronenschale würzen.

2. Das Öl in einer beschichteten Pfanne erhitzen, die Schnitzel darin auf beiden Seiten anbraten, herausnehmen und in eine feuerfeste Form legen.

3. Die Pilze putzen, waschen, nach Bedarf klein schneiden und mit Zitronensaft beträufeln.

4. Die Zwiebel schälen, fein würfeln, ins verbliebene Bratfett geben und glasig schwitzen. Die Pilze dazugeben und kurz mitschwitzen.

5. Die Tomatensoße angießen, mit Salz und Pfeffer kräftig abschmecken und einmal aufkochen lassen. Die verlesenen, gewaschenen und fein geschnittenen Kräuter unterheben.

6. Das Pilzragout über den Schnitzeln verteilen und diese in dem auf 180–200 °C vorgeheizten Backofen 10–15 Minuten garen.

7. Nach Ende der Garzeit die Kalbsschnitzel mit Pilzen aus dem Ofen nehmen, dekorativ anrichten, mit gebratenen Zitronenscheiben garnieren und sofort servieren.

WÜRZIGE KALBSSCHNITZEL
(ohne Abbildung)

Für 4 Personen:

4 Kalbsschnitzel à 160–180 g
100 ml Weißwein, 2 EL Dijon-Senf
2 EL Sojasoße, Salz, Pfeffer aus der
Mühle, 2–3 EL Butterschmalz
1 Zwiebel, 250 g Champignons
Saft von 1 Zitrone
1 Prise Cayennepfeffer
100 ml süße Sahne
200 g Crème fraîche
Feldsalat zum Garnieren

1. Die Kalbsschnitzel unter fließendem Wasser waschen, trocken tupfen und in eine Schüssel geben. Den Weißwein mit dem Senf und der Sojasoße verrühren, über die Schnitzel geben und diese zugedeckt im Kühlschrank marinieren.

2. Die Schnitzel aus der Marinade nehmen, gut abtropfen lassen und mit Salz und Pfeffer würzen. Das Butterschmalz in einer Pfanne erhitzen, die Schnitzel darin braten, herausnehmen und warm stellen.

3. Die Zwiebel schälen, fein würfeln, ins verbliebene Bratfett geben und glasig schwitzen.

4. Die Champignons putzen, waschen, in Scheiben schneiden, mit Zitronensaft beträufeln, zu der Zwiebel geben und mitbraten.

5. Die Marinade angießen, mit Salz, Pfeffer und Cayennepfeffer kräftig würzen.

6. Die Sahne und die Crème fraîche unterrühren und das Ganze kurz einreduzieren lassen.

7. Die Soße nachwürzen und auf heißen Tellern verteilen. Die Kalbsschnitzel auf den Rahmchampignons dekorativ anrichten, mit Feldsalat garnieren und mit einem bunten Kartoffelsalat mit Schnittlauch-Joghurtdressing sofort servieren.

OFENSCHNITZEL MIT CHAMPIGNONS

Für 4 Personen:

4 Putenschnitzel à 180–200 g
Salz, Pfeffer aus der Mühle
1 TL Kräuter der Provence
2–3 EL Butterschmalz
4 Scheiben gekochter Schinken
Fett zum Ausfetten

Für die Soße:
2–3 EL Butter
2 Knoblauchzehen, 1 Zwiebel
250 g frische Champignons
Saft von 1 Zitrone
1 rote Paprikaschote
3–4 Frühlingszwiebeln
2–3 Tomaten
100 ml Weißwein
100 ml Geflügelbrühe
200 ml süße Sahne

Außerdem:
200 g geriebener Mozzarellakäse
Basilikum zum Garnieren

1. Die küchenfertigen Puten-schnitzel unter fließendem Wasser waschen, trocken tupfen, leicht klopfen, mit Salz, Pfeffer und Kräutern der Provence würzen.

2. Das Butterschmalz in einer Pfan-ne erhitzen. Die Putenschnitzel darin auf beiden Seiten anbraten, herausnehmen und schichtweise mit dem Schinken in eine gefettete Auflaufform geben.

3. Die Butter ins verbliebene Brat-fett geben und erhitzen. Die Knob-lauchzehen und die Zwiebel schä-len, fein würfeln, ins Fett geben und glasig schwitzen.

4. Die Champignons putzen, wa-schen, in Scheiben schneiden und mit Zitronensaft beträufeln. Zu den Knoblauchzwiebeln geben und kurz mitschwitzen.

5. Die Paprikaschote halbieren, ent-kernen, waschen und in feine Wür-fel oder Streifen schneiden. Mit den geputzten, gewaschenen und klein geschnittenen Frühlingszwiebeln zu den Pilzen geben und kurz dünsten.

6. Die Tomaten enthäuten, entker-nen und in Würfel schneiden. Mit dem Weißwein, der Geflügelbrühe und der Sahne zum Gemüse geben und einmal aufkochen lassen.

7. Mit Salz und Pfeffer kräftig wür-zen. Das Gemüse gleichmäßig auf den Putenschnitzeln verteilen.

8. Den geriebenen Mozzarella darü-berstreuen und das Ganze im auf 180–200 °C vorgeheizten Backofen 30–40 Minuten garen.

9. Die Ofenschnitzel mit Champig-nons herausnehmen, dekorativ anrichten, mit Basilikumblättchen garnieren und sofort servieren.

PAPRIKASCHNITZEL MIT GEMÜSEGRATIN

Für 4 Personen:

1 Zwiebel, 2 Kartoffeln, 2 Möhren
250 g Blumenkohlröschen
3–4 Frühlingszwiebeln
2 EL Butter, 2 Knoblauchzehen
Salz, Pfeffer aus der Mühle
1 Prise Cayennepfeffer
1 Prise Muskat, 100 ml Weißwein
250 ml süße Sahne, 2 Eier
200 g geriebener Butterkäse

Außerdem:

8 Kalbsschnitzel à 80–100 g
1 EL Paprikapulver edelsüß
2–3 EL Butterschmalz
1 Zwiebel, 100 ml Weißwein
je 200 ml süße Sahne und
gebundener Bratenfond
1 EL Paprikapulver edelsüß
Kräuterzweige und Paprikastreifen
zum Garnieren

1. Die Zwiebel schälen und in Würfel schneiden. Die Kartoffeln und die Möhren schälen, waschen, in Würfel oder Scheiben schneiden.

2. Die Blumenkohlröschen verlesen, waschen und klein schneiden. Die Frühlingszwiebeln putzen, waschen und in Scheiben schneiden.

3. Die Butter erhitzen. Die Knoblauchzehen schälen, fein würfeln, mit der Zwiebel ins Fett geben und glasig schwitzen.

4. Das Gemüse dazugeben und durchschwenken. Mit Salz, Pfeffer, Cayennepfeffer und Muskat abschmecken. Den Weißwein angießen und das Ganze dünsten. Anschließend in eine Auflaufform geben.

5. Die Sahne mit den Eiern und dem geriebenen Butterkäse vermischen, mit Salz, Pfeffer, Cayennepfeffer und Muskat kräftig würzen und gleichmäßig auf dem Gemüse verteilen. Das Ganze im auf 180–200 °C vorgeheizten Backofen 18–20 Minuten backen.

6. Die Schnitzel waschen, trocken tupfen, mit Salz und Pfeffer kräftig würzen, mit Paprikapulver bestreuen. Das Schmalz in einer Pfanne erhitzen, die Schnitzel darin auf beiden Seiten 2–3 Minuten braten, herausnehmen und warm stellen.

7. Die Zwiebel schälen, würfeln und ins verbliebene Bratfett geben. Den Weißwein, die Sahne und den Bratenfond angießen und das Ganze bei starker Hitze kurz einreduzieren lassen. Die Soße mit Salz, Pfeffer, Cayennepfeffer und Paprikapulver kräftig würzen.

8. Die Paprikasoße mit den Schnitzeln auf Tellern dekorativ anrichten. Mit einem großen runden Ausstecher aus dem Gemüsegratin portionsweise das Gemüse ausstechen, zu den Paprikaschnitzeln legen, mit Kräuterzweigen und Paprikastreifen garnieren und sofort servieren.

127

GEFÜLLTE PESTOSCHNITZEL

Für 4 Personen:

4 Kalbsschnitzel à 150 g
Salz, Pfeffer aus der Mühle
1 Bund Basilikum
2 Knoblauchzehen
30 g Pinienkerne
Saft von einer halben Zitrone
50 g geriebener Parmesankäse
Butterschmalz zum Braten

Außerdem:
600 g Gnocchi aus der Kühltheke
Salzwasser zum Garen
einige Tropfen Olivenöl
2 EL Butter
1 Zwiebel
250 g Kirschtomaten
100 ml Weißwein
200 ml süße Sahne
50 g Kräuterschmelzkäse
1 Prise Muskat
1 Kästchen Kresse

1. Die küchenfertigen Kalbsschnitzel unter fließendem Wasser waschen, trocken tupfen, zum Füllen vorbereiten und mit Salz und Pfeffer würzen.

2. Das Basilikum verlesen, waschen und gut abtropfen lassen. Die Knoblauchzehen schälen, mit dem Basilikum, den Pinienkernen und dem Zitronensaft im Mixer oder mit dem Pürierstab pürieren.

3. Den geriebenen Parmesankäse untermischen, das Ganze in die Schnitzel füllen und diese mit Zahnstochern zusammenstecken. Butterschmalz in einer Pfanne erhitzen und die Pestoschnitzel darin 6–8 Minuten garen.

4. Die Gnocchi in Salzwasser mit dem Olivenöl nach Packungsanweisung garen. Die Butter in einer Pfanne erhitzen und die geschälte und fein gewürfelte Zwiebel darin glasig schwitzen.

5. Die Kirschtomaten waschen, den Strunk herausschneiden, die Tomaten halbieren, zu der Zwiebel geben und kurz mitschwitzen.

6. Den Weißwein und die Sahne angießen und zum Kochen bringen. Den Schmelzkäse einrühren, mit Salz, Pfeffer und Muskat würzen und die gut abgetropften Gnocchi unter die Soße heben.

7. Die Pestoschnitzel mit den Tomatengnocchi dekorativ anrichten, mit der verlesenen, gewaschenen und grob geschnittenen Kresse bestreuen, garnieren und sofort servieren.

SCHNITZELROLLEN AUF PAPRIKARAHM

Für 4 Personen:

je 2 rote und gelbe Paprikaschoten
4 Schalotten
2 EL Butter
100 ml Weißwein
200 ml Gemüse- oder Fleischbrühe
200 ml süße Sahne
1 TL Kräuter der Provence
Salz, Pfeffer aus der Mühle
1 Prise Zucker

Außerdem:
4 Kalbsschnitzel à 150 g
4 Scheiben Parmaschinken
75 g geriebener Parmesankäse
Butterschmalz zum Braten
4 Tomaten
100 g geriebener Mozzarella
Kräuterzweige zum Garnieren

1. Die Paprikaschoten auf ein Backblech setzen und in dem auf 180 °C vorgeheizten Backofen etwa 20 Minuten garen.

2. Die Paprikaschoten aus dem Backofen nehmen, häuten und in Streifen schneiden.

3. Die Schalotten schälen, vierteln oder achteln und in der erhitzten Butter anschwitzen. Gut die Hälfte der Paprikastreifen dazugeben und kurz mitschwitzen.

4. Mit Weißwein ablöschen, die Gemüse- oder Fleischbrühe mit der Sahne angießen, das Ganze zum Kochen bringen und 4–5 Minuten einreduzieren lassen. Die Soße mit Kräutern der Provence, Salz, Pfeffer und Zucker abschmecken.

5. Die küchenfertigen Kalbsschnitzel unter fließendem Wasser waschen, trocken tupfen, dünn klopfen, salzen und pfeffern.

6. Die Schnitzel mit je einer Scheibe Parmaschinken belegen, mit dem geriebenen Parmesankäse bestreuen, zusammenrollen und mit Zahnstochern zusammenstecken.

7. Butterschmalz erhitzen und die Schnitzelrollen bei mäßiger Hitze 6–8 Minuten braten.

8. Die Tomaten waschen, den Strunk herausschneiden und die Tomaten an der Oberseite über Kreuz einschneiden.

9. Die Tomaten mit dem geriebenen Mozzarella bestreuen, auf ein Grillgitter setzen und im Backofen oder unter dem Grill 6–8 Minuten überbacken.

10. Die Schnitzelrollen mit der Soße dekorativ anrichten, die überbackenen Tomaten dazulegen, mit Kräuterzweigen garnieren und mit Kräuterkartoffeln sofort servieren.

GEFÜLLTE KALBSSCHNITZEL MIT MANDELSOSSE

Für 4 Personen:

4 Kalbsschnitzel à 150 g
Salz, Pfeffer aus der Mühle

Für die Füllung:
1 Möhre
1 Dose Champignonköpfe
½ Bund Schnittlauch
150 g Kalbsbrät
1 TL geriebene Zitronenschale
1 Schuss süße Sahne
1 Prise Cayennepfeffer
Butterschmalz zum Braten

Außerdem:
200 ml Weißwein
300 ml Gemüse- oder Fleischbrühe
50 g Mandelstifte
dunkler Saucenbinder zum Binden
2 EL mittelscharfer Senf

1. Die küchenfertigen Kalbsschnitzel unter fließendem Wasser waschen, trocken tupfen, dünn klopfen und mit Salz und Pfeffer würzen.

2. Die Möhre schälen, in feine Würfel schneiden und die Möhrenwürfel in Salzwasser bissfest garen.

3. 4–5 Champignonköpfe würfeln, mit den Möhrenwürfeln und dem verlesenen, gewaschenen und fein geschnittenen Schnittlauch sowie dem Kalbsbrät, der Zitronenschale und der Sahne in eine Schüssel geben und verrühren.

4. Die Masse mit Salz, Pfeffer und Cayennepfeffer würzen und auf die Schnitzel streichen.

5. Die Schnitzel zusammenklappen und mit Zahnstochern zusammenstecken. Butterschmalz in einer Pfanne erhitzen, die gefüllten Kalbsschnitzel darin 6–8 Minuten braten, herausnehmen und warm stellen.

6. Den Bratenfond mit dem Weißwein ablöschen, die Gemüse- oder Fleischbrühe angießen und das Ganze kurz einreduzieren lassen.

7. Die Mandelstifte in die Soße geben und diese mit dunklem Soßenbinder leicht binden.

8. Den Senf in die Soße einrühren, die restlichen Pilze in der Soße erhitzen, das Ganze mit Salz und Pfeffer abschmecken.

9. Die Soße mit den gefüllten Kalbsschnitzeln dekorativ anrichten, garnieren, mit in Butter geschwenkten Bandnudeln und Brokkoligemüse sofort servieren.

PUSZTASCHNITZEL

Für 4 Personen:

4 Schweineschnitzel à 180 g
Salz, Pfeffer aus der Mühle
Öl zum Braten

Für das Paprikagemüse:
500 g roter und grüner Spitzpaprika
Olivenöl zum Braten
2–3 Knoblauchzehen

Für den Paprikarahm:
2 Zwiebeln, 1 EL Olivenöl
200 ml Weißwein
200 ml süße Sahne
1 EL Paprikapulver edelsüß
1 TL Paprikapulver rosenscharf
Speisestärke zum Binden

Für die Reisplätzchen:
200 g Langkornreis
1 rote Zwiebel
3 Frühlingszwiebeln, 2 Eier

1. Die Schweineschnitzel unter fließendem Wasser waschen, trocken tupfen, mit Salz und Pfeffer würzen. Das Öl in einer Pfanne erhitzen, die Schnitzel auf beiden Seiten darin braten und warm stellen.

2. Die Paprikaschoten halbieren, entkernen, waschen und in Stücke schneiden. Das Olivenöl in einer Pfanne erhitzen und die Paprikastücke darin anschwitzen.

3. Die Knoblauchzehen schälen, durch die Knoblauchpresse drücken und unter das Paprikagemüse

mischen. Mit Salz und Pfeffer kräftig abschmecken und das Gemüse bissfest garen.

4. Für den Paprikarahm die Zwiebeln schälen und in feine Würfel schneiden. Das Olivenöl in einem Topf erhitzen und die Zwiebeln darin anschwitzen.

5. Mit Wein ablöschen, die Sahne angießen und zum Kochen bringen. Mit Paprika edelsüß, Rosenpaprika, Salz und Pfeffer abschmecken und 10 Minuten bei schwacher Hitze köcheln lassen. Den Paprikarahm mit etwas angerührter Speisestärke leicht binden und mit dem Stabmixer pürieren.

6. Für die Reisplätzchen den Langkornreis in Salzwasser bissfest garen, abgießen, abtropfen, abkühlen lassen und in eine Schüssel geben.

7. Die Zwiebel schälen und in Würfel schneiden. Die Frühlingszwiebeln putzen, waschen, in Ringe schneiden und zum Reis geben.

8. Die Eier hinzufügen und die Zutaten zu einem Teig verarbeiten. Mit Salz und Pfeffer würzen.

9. Aus dem Reisteig Plätzchen formen, diese flach drücken und im erhitzten Öl auf beiden Seiten braten.

10. Die Paprika-Rahmsoße auf vorgewärmten Tellern anrichten, die Schnitzel dekorativ einsetzen, mit dem Paprikagemüse und den Reisplätzchen sofort servieren.

135

JÄGERSCHNITZEL MIT HAUSGEMACHTEN SPÄTZLE

Für 4 Personen:

4 Schweineschnitzel à 180 g
Salz, Pfeffer aus der Mühle
Öl zum Braten

Für die Soße:
150 g durchwachsener,
geräucherter Speck
1 EL Sonnenblumenöl
200 g kleine Champignons
200 g Austernpilze
500 ml gebundene Bratensoße
2 EL gehackte Petersilie

Für die Spätzle:
500 g Spätzlemehl
(Weichweizendunst)
7 Eier, 1 TL Salz
Wasser nach Bedarf
Salzwasser zum Garen
1 EL Butter zum Schwenken

Außerdem:
Petersilie zum Bestreuen

1. Die Schweineschnitzel unter fließendem Wasser waschen, trocken tupfen, mit Salz und Pfeffer würzen. Das Öl in einer Pfanne erhitzen, die Schnitzel darin auf beiden Seiten braten und warm stellen.

2. Für die Soße den Speck in Streifen schneiden und in einer zweiten Pfanne im heißen Öl anschwitzen.

3. Die Champignons und die Austernpilze putzen, die Austernpilze in Streifen zerpflücken, mit den Champignons zum Speck geben und braten. Mit Salz und Pfeffer würzen. Die Bratensoße angießen, erhitzen und die gehackte Petersilie untermischen.

4. Für die Spätzle das Mehl mit den Eiern und dem Salz in eine Schüssel geben und mit den Knethaken des Handrührgerätes zu einem glatten Teig verarbeiten. Nach Bedarf etwas Wasser untermischen.

5. Salzwasser in einem Topf zum Kochen bringen. Den Teig portionsweise durch einen Spätzlehobel ins Salzwasser drücken und aufkochen lassen, bis die Spätzle oben schwimmen.

6. Die Spätzle aus dem Wasser nehmen, in kaltem Wasser abschrecken und gut abtropfen lassen. Die Butter in einer Pfanne erhitzen und die Spätzle darin schwenken.

7. Die Jägerschnitzel mit der Pilzsoße auf vorgewärmten Tellern dekorativ anrichten, mit gehackter Petersilie bestreuen, mit den Spätzle und Kopfsalat sofort servieren.

GEMÜSESCHNITZEL MIT GOUDA

Für 4 Personen:

4 Schweineschnitzel à 150–200 g
Salz, Pfeffer aus der Mühle

Für die Füllung:
1 kleine Stange Lauch
100 g grüne Erbsen (TK-Produkt)
Salzwasser zum Garen
1 Zwiebel
1 EL Olivenöl
1 Tomate
1–2 EL Zuckerrübensirup
100 g geriebener Gouda
1–2 EL Semmelbrösel

Außerdem:
Öl zum Bestreichen
Petersilie zum Garnieren

1. Die Schweineschnitzel unter fließendem Wasser waschen, trocken tupfen und dünn klopfen. Mit Salz und Pfeffer würzen.

2. Für die Füllung den Lauch putzen, waschen, gut abtropfen lassen und in Ringe schneiden.

3. Mit den Erbsen in kochendes Salzwasser geben, kurz blanchieren, herausnehmen, abschrecken und gut abtropfen lassen.

4. Die Zwiebel schälen, in feine Streifen schneiden und im erhitzten Olivenöl anschwitzen. Die Tomate waschen, den Strunk herausschneiden, die Tomate entkernen, in Streifen schneiden und kurz mitschwitzen.

5. Vom Herd nehmen, abkühlen lassen, den Lauch und die Erbsen untermischen.

6. Mit Salz, Pfeffer und Zuckerrübensirup kräftig abschmecken, den geriebenen Käse dazugeben und die Masse mit Semmelbröseln leicht binden.

7. Die Gemüsemischung auf den Schnitzeln verteilen, diese zusammenklappen und mit Zahnstochern feststecken.

8. Die Schnitzel mit Öl bestreichen und auf dem Grill garen. Nach Ende der Garzeit die gefüllten Schnitzel dekorativ anrichten, mit Petersilie garnieren und mit Kartoffelsalat sofort servieren.

SCHNITZEL MIT KARTOFFELKRUSTE

Für 4 Personen:

4 Schweineschnitzel à 180 g
Salz, Pfeffer aus der Mühle
2 EL Butterschmalz
600 g Kartoffeln
1 Prise Muskat

Für die Soße:
50 ml brauner Rum
500 ml klarer Bratensaft
2 EL Honig
1 TL Szechuanpfeffer
1 EL Speisestärke zum Binden

Außerdem:
einige Sternfruchtscheiben und
Kapstachelbeeren zum Garnieren

1. Die Schweineschnitzel waschen, trocken tupfen, leicht klopfen, mit Salz und Pfeffer würzen.

2. 1 EL Butterschmalz in einer Pfanne erhitzen, die Schnitzel darin anbraten, herausnehmen und bereitstellen.

3. Die Kartoffeln schälen, waschen, fein reiben und mithilfe eines sauberen Küchentuches ausdrücken. Mit Salz, Pfeffer und Muskat kräftig würzen.

4. Die Kartoffelmasse auf den Schnitzeln verteilen und gut andrücken.

5. Das restliche Butterschmalz ins verbliebene Bratfett geben, erhitzen und die Schnitzel mit der Kartoffelseite nach unten darin ca. 10 Minuten braten.

6. Sie können die Schnitzel auch mit der Kartoffelkruste nach unten in der Pfanne drei Minuten anbraten, wenden und im auf 200 °C vorgeheizten Backofen etwa 15 Minuten fertig garen.

7. Für die Soße den Rum mit dem Bratensaft, dem Honig und dem Szechuanpfeffer in einem Topf zum Kochen bringen.

8. Mit der angerührten Speisestärke leicht binden, mit Salz und Pfeffer abrunden.

9. Die gegarten Schnitzel mit der Soße dekorativ anrichten, mit Sternfruchtscheiben und Kapstachelbeeren garnieren und mit einem gemischten Salat mit Zitronendressing sofort servieren.

SCHNITZEL ALLA CAPRESE

Für 4 Personen:

300 g Spaghetti
einige Tropfen Olivenöl
2–3 Schalotten
2–3 Knoblauchzehen
1 unbehandelte Limette
100 ml Weißwein
je 200 ml Gemüse- oder Fleischbrühe
und süße Sahne
Speisestärke zum Binden
Salz, Pfeffer aus der Mühle
je 1 Prise Muskat, Cayennepfeffer
und Zucker

Außerdem:
8 Schweineschnitzel à 80–100 g
Butterschmalz zum Braten
2–3 Tomaten
2 Kugeln Mozzarella à 125 g
Basilikum- und Pfefferminz-
blättchen sowie Limettenecken zum
Garnieren

1. Die Spaghetti in Salzwasser mit dem Olivenöl bissfest garen, abgießen, abschrecken, gut abtropfen lassen und bereitstellen.

2. Die Schalotten und die Knoblauchzehen schälen und fein würfeln. Die Limette großzügig schälen und das Fruchtfleisch in feine Würfel schneiden.

3. Etwas Olivenöl in einer Pfanne erhitzen, die Schalotten- und Knoblauchwürfel darin anschwitzen, die Limettenwürfel dazugeben und kurz mitschwitzen.

4. Den Weißwein, die Gemüse- oder Fleischbrühe und die Sahne angießen, zum Kochen bringen und fünf Minuten einreduzieren lassen.

5. Mit etwas angerührter Speisestärke leicht binden, mit Salz, Pfeffer, Muskat, Cayennepfeffer und Zucker abschmecken. Die Spaghetti in der Soße erhitzen, nochmals nachwürzen und bereitstellen.

6. Die Schweineschnitzel unter fließendem Wasser waschen, trocken tupfen, leicht klopfen, mit Salz und Pfeffer würzen.

7. Das Butterschmalz in einer Pfanne erhitzen und die Schnitzel darin 4–5 Minuten braten.

8. Die Schnitzel auf ein Backblech legen. Die Tomaten waschen, den Strunk herausschneiden und die Tomaten in Scheiben schneiden.

9. Den Mozzarella ebenfalls in Scheiben schneiden, mit den Tomatenscheiben auf die Schnitzel legen und diese im Backofen oder unter dem Grill überbacken.

10. Die Schnitzel alla Caprese mit den Limettenspaghetti dekorativ anrichten, mit Basilikum- und Pfefferminzblättchen sowie Limettenecken garnieren und sofort servieren.

WESTERNSCHNITZEL

Für 4 Personen:

4 Schweineschnitzel à 200 g
Salz, Pfeffer aus der Mühle
Öl zum Braten

Für das Gemüse:
200 g roh geräucherter Speck
1–2 EL Sonnenblumenöl
je 1 rote und grüne Paprikaschote
2 EL Tomatenmark
3 Tomaten
250 ml Gemüsebrühe
1 Dose Kidneybohnen
1 Dose Zuckermais
Cayennepfeffer
1 Prise Zucker

Für die Zwiebeln:
2 Zwiebeln
1 EL Mehl
Fett zum Frittieren

1. Die Schweineschnitzel unter fließendem Wasser waschen, trocken tupfen, mit Salz und Pfeffer würzen.

2. Das Öl in einer Pfanne erhitzen, die Schnitzel darin auf beiden Seiten braten und warm stellen.

3. Den Speck in kleine Würfel schneiden. Das Sonnenblumenöl in einer zweiten Pfanne erhitzen und den Speck darin anschwitzen.

4. Die Paprikaschoten halbieren, entkernen, waschen, abtropfen lassen, in Würfel schneiden und mitschwitzen. Das Tomatenmark einrühren und kurz rösten.

5. Die Tomaten waschen, den Strunk entfernen, die Tomaten in Würfel schneiden und dazugeben.

6. Die Gemüsebrühe angießen und das Ganze fünf Minuten köcheln lassen.

7. Die Kidneybohnen und den Zuckermais gut abtropfen lassen, zum Gemüse geben und erhitzen. Mit Salz, Cayennepfeffer und Zucker kräftig abschmecken.

8. Die Zwiebeln schälen, in dünne Ringe schneiden und in Mehl wenden.

9. Das Fett in einem Topf erhitzen, die Zwiebelringe darin goldgelb frittieren, herausnehmen, auf Küchenkrepp abtropfen lassen und salzen.

10. Die Westernschnitzel mit dem Gemüse dekorativ anrichten, mit den frittierten Zwiebeln belegen und mit Country Potatoes sofort servieren.

145

SCHNITZEL MIT OLIVENSOSSE

Für 4 Personen:

8 Schweineschnitzel à 100 g
Salz, Pfeffer aus der Mühle
1 EL gerebelter Majoran
1 TL gerebelter Thymian
Fett zum Braten

Für die Soße:
1 Zwiebel
6–8 Tomaten
100 g entsteinte, schwarze Oliven
250 ml Tomatensoße
50 g geriebener Parmesankäse
1 Prise Cayennepfeffer
25 g gemischte, gehackte Kräuter
(Estragon, Rosmarin, Oregano)

1. Die küchenfertigen Schweineschnitzel unter fließendem Wasser waschen, trocken tupfen, mit Salz und Pfeffer kräftig würzen, mit Majoran und Thymian bestreuen.

2. Etwas Fett in einer Pfanne erhitzen, die Schweineschnitzel darin braten, herausnehmen und warm stellen.

3. Die Zwiebel schälen, fein hacken, ins verbliebene Bratfett geben und glasig schwitzen.

4. Die Tomaten enthäuten, entkernen, in Würfel schneiden, zu der Zwiebel geben und kurz mitschwitzen.

5. Die entsteinten Oliven halbieren oder vierteln, zu den Tomaten geben und ebenfalls kurz mitschwitzen. Die Tomatensoße angießen und einmal aufkochen lassen.

6. Den geriebenen Parmesankäse in die Olivensoße einrühren, das Ganze mit Salz, Pfeffer und Cayennepfeffer kräftig abschmecken und die gemischten, gehackten Kräuter untermischen.

7. Die Schnitzel mit der Tomaten-Oliven-Soße auf vorgewärmten Tellern dekorativ anrichten und mit Rosmarinkartoffeln und Brokkoligemüse sofort servieren.

147

APFELSCHNITZEL MIT MÖHREN-KOHLRABI-GEMÜSE

Für 4 Personen:

50 g Butter
1 Zwiebel
400 g Möhren
400 g Kohlrabi
Saft von 2 Limetten
1 EL Zucker
200 ml Gemüsebrühe
200 ml süße Sahne
Salz, Pfeffer aus der Mühle
1 Prise Muskat

Außerdem:
8 Schweine- oder Kalbsschnitzel
à 80–100 g
1 TL Paprikapulver, rosenscharf
Butterschmalz zum Braten
2–3 säuerliche Äpfel
Saft von 1 Zitrone
8 cl Rum
300 ml Gemüse- oder Fleischbrühe
2–3 EL Waldhonig
Kräuterzweige und blanchierte
Möhren zum Garnieren

1. Die Butter in einer Pfanne erhitzen. Die Zwiebel schälen, fein würfeln, ins Fett geben und glasig schwitzen.

2. Die Möhren und die Kohlrabi schälen, in Würfel schneiden, zu der Zwiebel geben und mitdünsten.

3. Den Limettensaft angießen, mit Zucker bestreuen, die Gemüsebrühe und die Sahne angießen und bei mäßiger Hitze 8–10 Minuten köcheln lassen. Das Gemüse mit Salz, Pfeffer und Muskat würzen.

4. Die küchenfertigen Schweine- oder Kalbsschnitzel unter fließendem Wasser waschen, trocken tupfen, leicht klopfen, mit Salz, Pfeffer und Paprikapulver kräftig würzen.

5. Das Butterschmalz in einer Pfanne erhitzen. Die Schnitzel darin auf beiden Seiten je 3–4 Minuten braten, herausnehmen und warm stellen.

6. Die Äpfel schälen, entkernen, in 1 cm dicke Scheiben schneiden und mit Zitronensaft beträufeln. Im verbliebenen Bratfett braten, zu den Schnitzeln geben und warm stellen.

7. Den Bratenfond mit dem Rum ablöschen, die Gemüse- oder Fleischbrühe angießen, den Waldhonig einrühren und die Soße kurz einreduzieren lassen.

8. Die Apfelschnitzel mit dem Möhren-Kohlrabi-Gemüse dekorativ anrichten, mit der Rumsoße beträufeln, mit Kräuterzweigen und blanchierten Möhren garnieren und mit Curryreis sofort servieren.

PFEFFERSCHNITZEL MIT WILLIAMSKARTOFFELN

Für 4 Personen:

800 g Kartoffeln
4 EL Speisestärke, 2 Eigelb
Salz, weißer Pfeffer aus der Mühle
1 Prise Muskat
Mehl zum Wenden, 2 Eier
100–120 g Semmelbrösel
Spaghettistückchen und
Gewürznelken
Fett zum Ausbacken

Außerdem:
8 Schweineschnitzel à 80–100 g
1 kleines Glas (50 g) eingelegter
grüner Pfeffer
Butterschmalz zum Braten
100 ml Weißwein
300 ml gebundene Bratensoße
200 ml süße Sahne
50 g gemischte, frische Kräuter
Tomatenscheiben und Basilikum
zum Garnieren

1. Die Kartoffeln in Salzwasser garen, abgießen, leicht erkalten lassen, pellen und durch die Kartoffelpresse treiben.

2. Die Speisestärke mit den Eigelben unter den Kartoffelbrei arbeiten, mit Salz, Pfeffer und Muskat würzen und aus der Masse mit bemehlten Händen Birnen formen.

3. Die Birnen in Mehl wenden, die Eier verschlagen und in einen tiefen Teller geben. Die Birnen durch die Eier ziehen und mit den Semmelbröseln panieren. Spaghettistücken als Stiel und Nelken als Strunk in die Birnen drücken.

4. Fett in einem Frittiertopf erhitzen und die panierten Birnen darin bei 160 °C 5–6 Minuten goldgelb ausbacken.

5. Die Schnitzel unter fließendem Wasser waschen, trocken tupfen, salzen und pfeffern.

6. Die abgetropften grünen Pfefferkörner leicht hacken und auf die Schnitzel drücken. Butterschmalz in einer Pfanne erhitzen und die Schnitzel darin 5–6 Minuten braten.

7. Die Schnitzel aus der Pfanne nehmen und warm stellen. Den Weißwein, die Bratensoße und die Sahne in die Pfanne geben und einmal kräftig aufkochen lassen.

8. Die verlesenen, gewaschenen und fein gehackten Kräuter unter die Soße ziehen und diese mit Salz und Pfeffer abschmecken.

9. Die Soße mit den Schnitzeln und den Williamskartoffeln dekorativ anrichten, mit Tomatenscheiben garnieren, mit dem in Streifen geschnittenen Basilikum bestreuen und mit Rotweinschalotten sofort servieren.

SCHNITZEL IN SCHINKENHÜLLE

Für 4 Personen:

4 Schweineschnitzel à 180 g
Salz, Pfeffer aus der Mühle

Für die Füllung:
1–2 EL Butter
2 Zwiebeln
1 EL Mehl
100 ml süße Sahne
1 Prise Muskat
1 Prise Cayennepfeffer

Außerdem:
4 dünne, große Scheiben Schinken
Fett zum Braten
75 ml Portwein
375 ml gebundene Bratensoße
½ Bund gehackte Petersilie
Kirschtomaten zum Garnieren

1. Die küchenfertigen Schweineschnitzel unter fließendem Wasser waschen, trocken tupfen und mit Salz und Pfeffer würzen.

2. Für die Füllung die Butter in einer Pfanne erhitzen und die geschälten, fein gehackten Zwiebeln darin glasig schwitzen.

3. Das Ganze mit Mehl bestäuben, die Sahne angießen und kräftig einreduzieren lassen.

4. Die Füllung vom Herd nehmen, mit Salz, Pfeffer, Muskat und Cayennepfeffer abschmecken und gleichmäßig auf den Schnitzeln verteilen.

5. Die Schweineschnitzel zusammenrollen und anschließend in die Schinkenscheiben wickeln. Mit Zahnstochern feststecken.

6. Fett in einer Pfanne erhitzen und die Schweineschnitzel in Schinkenhülle darin bei geringer Hitze langsam braten.

7. Nach Ende der Garzeit die Schnitzel herausnehmen und warm stellen. Den Bratensatz mit Portwein ablöschen und die gebundene Bratensoße angießen. Die Soße einmal aufkochen lassen.

8. Die Soße nochmals kräftig abschmecken, auf vorgewärmten Tellern anrichten, die Schweineschnitzel in der Schinkenhülle dekorativ einsetzen, mit der gehackten Petersilie bestreuen, mit halbierten Kirschtomaten garnieren und mit Möhren-Lauch-Gemüse und Butternudeln sofort servieren.

153

SCHNITZELTÜTCHEN MIT SPINAT-NUSS-FÜLLUNG

Für 4 Personen:

12 Schweineschnitzelchen à 60–70 g
Salz, Pfeffer aus der Mühle
1–2 EL Butterschmalz
1 Zwiebel, 2 Knoblauchzehen
200 g Blattspinat, 100 g Lauch
20 g Walnusskerne
20 g Pinienkerne
20 g Orangeat
1 Prise Muskat
1 Prise Cayennepfeffer
1–2 EL Butter

Für die Soße:
1–2 EL Butter, 1 Zwiebel
1 rote Chilischote
500 g Tomaten, 1 Lorbeerblatt
100 ml Gemüse- oder Fleischbrühe

Außerdem:
Kräuterzweige zum Garnieren

1. Die Schweineschnitzel waschen, trocken tupfen, klopfen, salzen und pfeffern. Das Butterschmalz in einer Pfanne erhitzen. Die Schnitzel auf einer Seite anbraten, herausnehmen und auf eine Arbeitsfläche legen.

2. Die Zwiebel und die Knoblauchzehen schälen, fein würfeln, ins verbliebene Bratfett geben und glasig schwitzen. Den Blattspinat verlesen, waschen, gut abtropfen lassen, je nach Bedarf klein schneiden.

3. Mit dem gewaschenen, geschnittenen Lauch zu den Knoblauchzwiebeln geben und kurz dünsten.

4. Die Walnusskerne, die Pinienkerne und das fein geschnittene Orangeat dazugeben und kurz mitgaren. Mit Salz, Pfeffer, Muskat und Cayennepfeffer würzen, vom Herd nehmen und erkalten lassen.

5. Die Masse auf den Schnitzelchen verteilen, diese zu Tütchen zusammendrehen und mit Zahnstochern feststecken. Die Butter in einer Pfanne erhitzen. Die Schnitzeltütchen einsetzen und bei mäßiger Hitze 8–10 Minuten garen.

6. Die Butter in einem Topf erhitzen. Die Zwiebel schälen, fein würfeln, ins Fett geben und glasig schwitzen. Die Chilischote putzen, halbieren, entkernen, waschen, fein hacken, zu der Zwiebel geben und kurz mitdünsten.

7. Die Tomaten enthäuten, entkernen und in feine Würfel schneiden. Mit dem Lorbeerblatt zu der Zwiebel geben und kurz dünsten.

8. Die Gemüse- oder Fleischbrühe angießen, erhitzen und kurz einreduzieren lassen. Die Soße mit Salz, Pfeffer und Cayennepfeffer würzen und auf vorgewärmten Tellern verteilen. Die Schnitzeltütchen dekorativ einsetzen, mit Kräuterzweigen garnieren und mit einem Gemüsereis sofort servieren.

SAFTIGE SCHNITZELPIZZA

Für 4 Personen:

4 Schweineschnitzel à 180 g
Salz, Pfeffer aus der Mühle
2–3 EL Butterschmalz
Butter zum Ausfetten
2 Gemüsezwiebeln
250 g Zwiebelmett
2 Zucchini
2–3 Tomaten
150 g frische Champignons
Saft von 1 Zitrone
6 Scheiben Chester-Schmelzkäse

Außerdem:

200 ml süße Sahne
1 Päckchen Pfeffersoße
1 EL grüne Pfefferkörner
1 TL rote Pfefferkörner
Salatblätter, Kirschtomatenhälften
und Kräuterzweige zum Garnieren

1. Die küchenfertigen Schweineschnitzel unter fließendem Wasser waschen, trocken tupfen, mit Salz und Pfeffer kräftig würzen.

2. Das Butterschmalz in einer Pfanne erhitzen, die Schweineschnitzel darin anbraten, herausnehmen und warm stellen.

3. Eine runde Auflaufform mit Butter ausfetten. Die Zwiebeln schälen, in feine Scheiben schneiden und in die Form legen. Die Schnitzel auf die Zwiebeln legen und mit dem Zwiebelmett bestreichen.

4. Die Zucchini und die Tomaten putzen, waschen, in Scheiben schneiden und gleichmäßig auf die Schnitzel legen. Zum Schluss die geputzten, in Scheiben geschnittenen, mit Zitronensaft beträufelten Champignons darauf verteilen.

5. Die Schnitzelpizza mit dem Chester-Schmelzkäse belegen und im auf 180–200 °C vorgeheizten Backofen 30 Minuten garen.

6. In der Zwischenzeit die Sahne mit dem Pfeffersoßenpulver verrühren und einmal aufkochen lassen. Die grünen und die roten Pfefferkörner dazugeben und alles über der Schnitzelpizza verteilen.

7. Die Pizza weitere 10–15 Minuten garen, anschließend herausnehmen, dekorativ anrichten, mit Salatblättern, Kirschtomatenhälften und Kräuterzweigen garnieren und sofort servieren.

BIRNENSCHNITZEL MIT EDELPILZHAUBE

Für 4 Personen:

4 Schweineschnitzel à 180 g
Salz, Pfeffer aus der Mühle
Fett zum Braten
8 Birnenhälften
200 g Edelpilzkäse

Für die Soße:
1 Zwiebel
6–8 Tomaten
125 ml Gemüse- oder Fleischbrühe
Saft von 1 Zitrone

Außerdem:
Birnenschnitze zum Garnieren
½ Bund gehackte Petersilie

1. Die küchenfertigen Schweineschnitzel unter fließendem Wasser waschen, trocken tupfen, halbieren und dünn klopfen. Die Schnitzel mit Salz und Pfeffer würzen.

2. Etwas Fett in einer Pfanne erhitzen, die Schnitzel darin braten, herausnehmen und in eine Auflaufform setzen.

3. Jedes Schnitzel mit einer Birnenhälfte belegen und mit einer Scheibe Edelpilzkäse abdecken. Anschließend im auf 180–200 °C vorgeheizten Backofen 8–10 Minuten backen.

4. Für die Soße die Zwiebel schälen, fein hacken, ins verbliebene Bratfett geben und glasig schwitzen.

5. Die enthäuteten, entkernten und in Würfel geschnittenen Tomaten zu der Zwiebel geben und kurz mitschwitzen.

6. Die Gemüse- oder Fleischbrühe angießen, mit Zitronensaft verfeinern und einmal aufkochen lassen. Mit Salz und Pfeffer würzen.

7. Die Tomatensoße auf vorgewärmten Tellern anrichten, die überbackenen Birnenschnitzel dekorativ einsetzen, mit gebratenen Birnenschnitzen garnieren, mit gehackter Petersilie bestreuen und mit Butternudeln und einem Gemüse aus grünen Paprikaschoten sofort servieren.

159

SCHNITZELSPIESSCHEN AUF MORCHELRAHM

Für 4 Personen:

4 Schweineschnitzel à 180 g
1 Zucchini
1 gelbe oder rote Paprikaschote
8 Kirschtomaten
Salz, Pfeffer aus der Mühle
1 EL Butterschmalz
2 Knoblauchzehen

Für die Soße:
30 g getrocknete Morcheln
300 ml heiße Gemüse- oder
Fleischbrühe
3 Schalotten, 1 EL Butter
100 ml Weißwein
200 ml süße Sahne
Speisestärke zum Binden

Außerdem:
Kräuterzweige zum Garnieren

1. Die Schweineschnitzel unter fließendem Wasser waschen, trocken tupfen und in mundgerechte Stücke schneiden.

2. Die Zucchini putzen, waschen und in 1 cm dicke Scheiben schneiden. Die Paprikaschote halbieren, entkernen, waschen und in Würfel schneiden. Die Kirschtomaten waschen und den Strunk herausschneiden.

3. Fleischwürfel, Zucchini, Paprika und Kirschtomaten abwechselnd auf

Holzspießchen stecken. Mit Salz und Pfeffer kräftig würzen.

4. Das Butterschmalz in einer Pfanne erhitzen. Die Knoblauchzehen schälen, fein würfeln, ins Fett geben und kurz braten.

5. Die Schnitzelspießchen ins Knoblauchfett geben und rundherum Farbe nehmen lassen. Anschließend im auf 180–200 °C vorgeheizten Backofen 15–20 Minuten garen.

6. Für die Soße die Morcheln in eine Schüssel geben, die heiße Gemüse- oder Fleischbrühe angießen und die Morcheln einweichen.

7. Die Schalotten schälen und in feine Würfel schneiden. Die Butter in einer Pfanne erhitzen, die Schalotten dazugeben und glasig schwitzen.

8. Den Weißwein, die Morcheln mit der Brühe und die Sahne angießen und einmal kräftig aufkochen lassen.

9. Die Soße bei mäßiger Hitze 4–5 Minuten köcheln lassen. Mit etwas angerührter Speisestärke leicht binden. Mit Salz und Pfeffer abrunden.

10. Die Schnitzelspießchen auf vorgewärmten Tellern dekorativ anrichten, mit der Morchelrahmsoße überziehen, mit Kräuterzweigen garnieren und mit Spätzle servieren.

SCHNITZEL MIT SENFKRUSTE

Für 4 Personen:

4 Kalbsschnitzel à 180–200 g
Salz, Pfeffer aus der Mühle
2–3 EL Butterschmalz
250 g gekochte Kartoffeln
1 Ei
2–3 EL mittelscharfer Senf
2–3 EL Semmelbrösel
75 g geriebener Butterkäse
1 Bund Basilikum
1 Prise Cayennepfeffer
1 Prise Muskat
Basilikum zum Garnieren

1. Die küchenfertigen Schnitzel unter fließendem Wasser waschen, trocken tupfen, leicht klopfen, mit Salz und Pfeffer würzen.

2. Das Butterschmalz in einer Pfanne erhitzen. Die Schnitzel darin auf beiden Seiten anbraten, herausnehmen und warm stellen.

3. Die Kartoffeln schälen, mit einer Gabel zerdrücken und in eine Schüssel geben.

4. Das Ei, den Senf, die Semmelbrösel, den Butterkäse und das verlesene, gewaschene und fein geschnittene Basilikum dazugeben und alles gut verrühren.

5. Mit Salz, Pfeffer, Cayennepfeffer und Muskat würzen. Die Masse gleichmäßig auf die Schnitzel verteilen und glatt streichen.

6. Die Schnitzel auf ein Backblech setzen und im auf 180–200 °C vorgeheizten Backofen 8–10 Minuten überbacken.

7. Die Schnitzel mit Senfkruste herausnehmen, dekorativ anrichten, mit Basilikumblättchen garnieren und mit einem bunten Salat mit Schnittlauchvinaigrette sofort servieren.

SCHNITZEL ESTERHAZY
(ohne Abbildung)

Für 4 Personen:

8 Schweineschnitzel à 100 g
Salz, Pfeffer aus der Mühle
1 TL Paprikapulver edelsüß
Mehl zum Wenden, 2–3 Eier
200 g Semmelbrösel, Butterschmalz
zum Braten, 1 Sellerieknolle
500 g Karotten, 1 Stange Lauch
2 EL Butter, 150 ml Gemüsebrühe,
Cayennepfeffer, 1 Prise Muskat
4 Portionen Bratensoße

1. Die Schnitzel waschen, trocken tupfen, leicht klopfen, mit Salz, Pfeffer und Paprikapulver würzen und in Mehl wenden.

2. Die Eier in einem tiefen Teller verschlagen und die Semmelbrösel in einen zweiten Teller geben. Die Schweineschnitzel durch die Eier ziehen und mit den Semmelbröseln panieren.

3. Das Butterschmalz in einer Pfanne erhitzen, die Schnitzel darin

goldgelb ausbacken, herausnehmen und warm stellen.

4. Für das Gemüse die Sellerie-knolle und die Karotten schälen, den Lauch putzen, das Gemüse waschen, gut abtropfen lassen und in feine Streifen schneiden.

5. Die Butter in einer Pfanne erhit-zen und das Gemüse darin glasig schwitzen. Die Gemüsebrühe an-gießen, zum Kochen bringen, das Gemüse bissfest garen, mit Salz, Pfeffer, Cayennepfeffer und Muskat würzen.

6. Die panierten Schnitzel dekorativ anrichten, mit dem Gemüse bele-gen, die erhitzte Bratensoße an-gießen und mit Bratkartoffeln sofort servieren.

SCHNITZELTOPF MIT CHAMPIGNONS

Für 4 Personen:

8 Schweineschnitzel à 80–100 g
Salz, Pfeffer aus der Mühle
Mehl zum Wenden, 2–3 Eier
150–200 g Semmelbrösel
Butterschmalz zum Braten

Außerdem:
1 Karotte, 1 Zwiebel
1–2 Knoblauchzehen, 2–3 EL Butter
500 g frische Champignons
100 ml Weißwein
200 ml Gemüsebrühe
200 ml süße Sahne
1 Zucchini
Speisestärke zum Binden
Fett zum Ausfetten
125 g Mozzarella
125 g geriebener Parmesankäse
Kräuterzweige zum Garnieren

1. Die küchenfertigen Schweineschnitzel unter fließendem Wasser waschen, trocken tupfen und dünn klopfen. Mit Salz und Pfeffer würzen und in Mehl wenden.

2. Die Eier in einer Schüssel verschlagen. Die Schweineschnitzel durch die Eier ziehen und mit den Semmelbröseln panieren.

3. Das Butterschmalz in einer Pfanne erhitzen, die Schnitzel darin ausbacken, herausnehmen und warm stellen.

4. Die Karotte, die Zwiebel und die Knoblauchzehen schälen und fein würfeln. Die Butter in einem Topf erhitzen und die Karotten-, Zwiebel- und Knoblauchwürfel darin glasig schwitzen.

5. Die Champignons putzen, waschen, in Scheiben schneiden oder vierteln und kurz mitschwitzen.

6. Den Weißwein, die Gemüsebrühe und die Sahne angießen. Bei mäßiger Hitze 6–8 Minuten köcheln lassen.

7. Die Zucchini putzen, waschen, in Würfel schneiden, in die Soße geben und einmal aufkochen lassen.

8. Die Champignonsoße mit etwas angerührter Speisestärke leicht binden, mit Salz und Pfeffer abrunden.

9. Eine Auflaufform ausfetten und die Schnitzel mit dem Champignonragout schichtweise einfüllen. Mit dem in Würfel geschnittenen Mozzarella und dem Parmesankäse bestreuen und das Ganze im auf 180–200 °C vorgeheizten Backofen 15–18 Minuten garen.

10. Nach Ende der Garzeit den Schnitzeltopf mit Champignons herausnehmen, dekorativ anrichten, mit Kräuterzweigen garnieren und mit einem gemischten Salat sofort servieren.

HACKFLEISCH-SCHNITZEL-SCHNITTEN

Für 4 Personen:

500 g gemischtes Hackfleisch
2 altbackene, in Milch eingeweichte
Brötchen
1 Ei
50 g gemischte frische Kräuter
(Petersilie, Basilikum, Schnittlauch)
2 EL mittelscharfer Senf
Salz, Pfeffer aus der Mühle
1 Prise Cayennepfeffer
Butter zum Ausfetten

Außerdem:
6 Schweineschnitzel à 100 g
4 Zwiebeln
2 EL Butter
1 EL gerebelter Majoran
4 Eier
200 ml Milch
1 Prise Muskat

1. Das Hackfleisch mit den gut ausgedrückten Brötchen und dem Ei in eine Schüssel geben und zu einer glatten Masse verarbeiten.

2. Die verlesenen, gewaschenen und fein gehackten Kräuter mit dem Senf unter die Masse arbeiten und das Ganze mit Salz, Pfeffer und Cayennepfeffer kräftig würzen.

3. Eine Auflaufform mit Butter ausfetten, die Hackfleischmasse hineingeben und auf dem Boden glatt streichen.

4. Die Schweineschnitzel unter fließendem Wasser waschen, trocken tupfen, mit Salz und Pfeffer kräftig würzen und auf das Hackfleisch legen.

5. Die Zwiebeln schälen und in feine Scheiben schneiden. Die Butter in einer Pfanne erhitzen und die Zwiebelscheiben darin anbraten.

6. Mit Salz, Pfeffer, Cayennepfeffer und Majoran würzen, vom Herd nehmen, leicht erkalten lassen und gleichmäßig auf den Schnitzeln verteilen.

7. Die Eier mit der Milch in einer Schüssel verschlagen, mit Salz, Pfeffer und Muskat würzen, gleichmäßig auf dem Auflauf verteilen und diesen im auf 180 °C vorgeheizten Backofen 50 Minuten garen.

8. Den Auflauf aus dem Ofen nehmen, in Stücke schneiden, die Hackfleisch-Schnitzel-Schnitten dekorativ anrichten und mit Feldsalat sofort servieren.

LAMMSCHNITZEL MIT BOHNENCREME

Für 4 Personen:

8 Lammschnitzel à 100 g
Salz, Pfeffer aus der Mühle
1 TL Korianderpulver
je 1 TL gerebelter Rosmarin und
Thymian

Für die Füllung:
2 Schalotten
1 Knoblauchzehe
1 EL Butter
150 g Kidneybohnen aus der Dose

Außerdem:
Butterschmalz zum Braten
75 g Zitronenbutter
Basilikumblättchen zum Garnieren

1. Die Lammschnitzel unter fließendem Wasser waschen, trocken tupfen, flach klopfen, mit Salz, Pfeffer,
Korianderpulver, Rosmarin und
Thymian bestreuen.

2. Für die Füllung die Schalotten
und die Knoblauchzehe schälen und
fein würfeln. Die Butter in einer
Pfanne erhitzen und die Schalotten
und den Knoblauch darin anschwitzen.

3. Die gut abgetropften Kidneybohnen dazugeben und kurz mitschwitzen. Mit Salz und Pfeffer
würzen und das Ganze anschließend
im Mixer oder mit dem Pürierstab
pürieren.

4. Die Bohnencreme gleichmäßig
auf die Lammschnitzel verteilen,
diese zusammenklappen und mit
Rouladennadeln oder Zahnstochern
zusammenstecken.

5. Das Butterschmalz in einer
Pfanne erhitzen und die gefüllten
Lammschnitzel darin auf beiden
Seiten etwa fünf Minuten braten.
Die Zitronenbutter dazugeben und
die Schnitzel darin kurz schwenken.

6. Die Lammschnitzel aus der Pfanne nehmen, dekorativ anrichten, mit
der Zitronenbutter überziehen, mit
Basilikumblättchen garnieren und
mit Pfefferspaghetti sofort servieren.

SALBEISCHNITZELCHEN MIT GEMÜSEPÜREE

Für 4 Personen:

8 Kalbsschnitzel à 100 g
Salz, Pfeffer aus der Mühle
Olivenöl zum Braten
100 g roh geräucherter Schinken
½ Bund Salbei

Außerdem:
2 Knoblauchzehen
1 Zwiebel
2 Karotten
1 rote Chilischote
1 rote Paprikaschote
½ Stange Lauch
250 ml Gemüse- oder Fleischbrühe
1 Prise Cayennepfeffer
1 Prise Muskat
1 Prise Zucker
Salbeiblättchen zum Garnieren

1. Die Kalbsschnitzel unter fließendem Wasser waschen, trocken tupfen und mit Salz und Pfeffer kräftig würzen.

2. Das Olivenöl in einer Pfanne erhitzen, die Kalbsschnitzel darin anbraten, herausnehmen und warm stellen.

3. Die Schinkenscheiben und die verlesenen, gewaschenen Salbeiblättchen ins verbliebene Bratfett geben und ebenfalls kurz anbraten. Aus der Pfanne nehmen und je zwei Kalbsschnitzel mit Schinken und Salbeiblättern füllen.

4. Die gefüllten Schnitzel in eine feuerfeste Form legen und im auf 150 °C vorgeheizten Backofen 15 Minuten garen.

5. Die Knoblauchzehen, die Zwiebel und die Karotten schälen, die Karotten waschen und alles in sehr feine Würfel schneiden.

6. Die Chilischote und die Paprikaschote halbieren, entkernen, waschen und in feine Würfel schneiden. Den Lauch putzen, waschen und ebenfalls fein würfeln.

7. Etwas Olivenöl in einer Pfanne erhitzen, das Gemüse darin fünf Minuten dünsten, die Gemüsebrühe angießen, zum Kochen bringen und weitere fünf Minuten garen.

8. Das Gemüse im Mixer oder mit dem Pürierstab pürieren, mit Salz, Pfeffer, Cayennepfeffer, Muskat und Zucker kräftig abschmecken.

9. Die Salbeischnitzelchen mit dem Gemüsepüree dekorativ anrichten, mit Salbeiblättchen garnieren und mit Kartoffelkugeln sofort servieren.

GEBACKENE SCHNITZEL MIT KARTOFFEL-GURKEN-SALAT

Für 4 Personen:

12 Schweineschnitzel à 60 g
Salz, Pfeffer aus der Mühle

Für den Bierteig:
2 Eier
250 ml Weizenbier
200 g Mehl
1 Prise Zucker
Fett zum Frittieren

Für den Salat:
800 g Salatkartoffeln, Salzwasser
1 kleine Salatgurke
1 Zwiebel, 1 EL Öl
200 ml Fleischbrühe
75 ml Essig
4 EL geriebener Meerrettich
75 ml Öl
1 Bund Schnittlauch

Außerdem:
Salatblätter, Zitronenecken, Tomatenscheiben und Kräuterzweige zum Garnieren

1. Die Schweineschnitzel unter fließendem Wasser waschen, trocken tupfen, gut klopfen, mit Salz und Pfeffer kräftig würzen.

2. Die Eier trennen, die Eigelbe mit dem Weizenbier und dem Mehl in einer Schüssel glatt rühren, mit Salz und Zucker würzen und 15 Minuten ausquellen lassen.

3. Die Eiweiße in einer Schüssel zu steifem Schnee schlagen und unter den Bierteig heben. Die Schnitzel durch den Bierteig ziehen, schwimmend im erhitzten Fett goldgelb ausbacken, herausnehmen und warm stellen.

4. Für den Kartoffelsalat die Kartoffeln im Salzwasser bissfest garen, abgießen, leicht erkalten lassen, pellen, in Scheiben schneiden und in eine Schüssel geben.

5. Die Gurke waschen, halbieren, entkernen, in Scheiben schneiden und vorsichtig unter die Kartoffeln heben. Die Zwiebel schälen, in Würfel schneiden und mit Olivenöl in einer Pfanne anschwitzen.

6. Die Fleischbrühe angießen und zum Kochen bringen. Den Essig, den Meerrettich und das Öl einrühren, mit Salz und Pfefffer kräftig würzen und heiß über die Kartoffeln geben.

7. Den Kartoffelsalat kurz ziehen lassen, nochmals nachwürzen und den verlesenen, gewaschenen und fein geschnittenen Schnittlauch unter den Salat mischen.

8. Die Schnitzel mit dem Kartoffel-Meerrettich-Gurken-Salat dekorativ anrichten, mit Salatblättern, Zitronenecken, Tomatenscheiben und Kräuterzweigen garnieren und sofort servieren.

REGISTER

© Copyright 2012

garant Verlag GmbH

Benzstraße 56

71272 Renningen

www.garant-verlag.de

ISBN 978-3-86766-833-0